学习科学与教学设计应用译丛　盛群力　屠莉娅　主编

LEARNING
THAT STICKS:
A Brain-Based
Model for K-12
Instructional Design
and Delivery

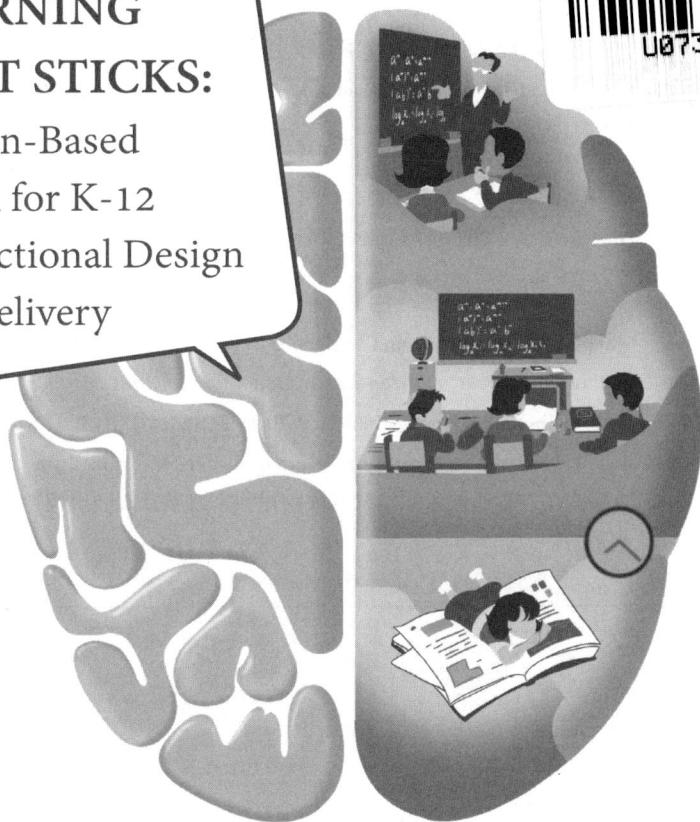

惟学无际

——基于脑科学
构建学习模式和设计教学方案

[美] 布莱恩·古德温　托妮亚·吉布森　克里斯汀·鲁洛　著

Bryan Goodwin　Tonia Gibson　Kristin Rouleau

徐玲玲　茅心怡　译　盛群力　审订

中国科学技术出版社
·北京·

图书在版编目（CIP）数据

惟学无际：基于脑科学构建学习模式和设计教学方案 /（美）布莱恩·古德温,（美）托妮亚·吉布森,（美）克里斯汀·鲁洛著；徐玲玲，茅心怡译 . -- 北京：中国科学技术出版社，2023.6（2023.11 重印）

（学习科学与教学设计应用译丛 / 盛群力，屠莉娅主编）

书名原文：Learning That Sticks: A Brain-Based Model for K-12 Instructional Design and Delivery

ISBN 978-7-5236-0201-0

Ⅰ. ①惟… Ⅱ. ①布… ②托… ③克… ④徐… ⑤茅… Ⅲ. ①教学法 – 研究 Ⅳ. ① G424.1

中国国家版本馆 CIP 数据核字（2023）第 082777 号

著作权合同登记号：01-2023-1896

Translated and published by China Science and Technology Press with permission from ASCD. This translated work is based on *Learning That Sticks: A Brain-Based Model for K-12 Instructional Design and Delivery* by Bryan Goodwin with Tonia Gibson and Kristin Rouleau . 2020 McREL. All Rights Reserved. ASCD or McRel is not affiliated with China Science and Technology Press or responsible for the quality of this translated work.

策划编辑	王晓义
责任编辑	王晓义
正文设计	中文天地
责任校对	焦　宁
责任印制	徐　飞

出　　版	中国科学技术出版社
发　　行	中国科学技术出版社有限公司发行部
地　　址	北京市海淀区中关村南大街 16 号
邮　　编	100081
发行电话	010-62173865
传　　真	010-62173081
网　　址	http://www.cspbooks.com.cn

开　　本	787mm×1092mm　1/16
字　　数	186 千字
印　　张	9.5
版　　次	2023 年 6 月第 1 版
印　　次	2023 年 11 月第 2 次印刷
印　　刷	北京荣泰印刷有限公司
书　　号	ISBN 978-7-5236-0201-0 / G·1015
定　　价	59.00 元

作者简介

布赖恩·古德温（Bryan Goodwin），曾任高中教师、大学讲师、新闻工作者，目前担任美国中州国际教育研究院（McREL International）总裁兼首席执行官，在如何开展有效的教育实践方面进行探索研究且有深刻见解，同时为美国及世界各地的学区、州部门，以及其他机构提供咨询。他撰写了许多由美国教学视导与课程开发协会（ASCD）出版的书籍，包括《惟学无际：基于脑科学构建学习模式和设计教学方案》（*Learning That Sticks*：*A Brain-Based Model for K-12 Instructional Design and Delivery*）等。

托妮亚·吉布森（Tonia Gibson），曾在澳大利亚墨尔本担任小学教师和副校长。作为美国中州国际教育研究院（McREL International）学习服务团队的成员，她一直在帮助学区领导、学校领导和教师提高专业实践能力，以及协助进行系统改进。她还与人合著了两本由 ASCD 出版的书籍，包括《惟学无际：基于脑科学构建学习模式和设计教学方案》（*Learning That Sticks*：*A Brain-Based Model for K-12 Instructional Design and Delivery*）及《摆脱困境：好奇心、同伴辅导和团队协作如何改变学校》（*Unstuck*：*How Curiosity*，*Peer Coaching*，*and Teaming Can Change Your School*）。

克里斯汀·鲁洛（Kristin Rouleau），担任美国中州国际教育研究院（McREL International）学习服务和创新部的执行董事，她指导了一个顾问团队，帮助美国、加拿大、密克罗尼西亚、澳大利亚、中国，以及中东的学校、地区和州教育机构和教育部门，将研究转化为改变教学、领导和学习的解决方案。她是一名具有相关资格证的学校管理员，拥有超过 25 年的课堂和学校领导经验，与人合著了《好奇心爆棚：学校进步与创新指南》（*Curiosity Works: A Guidebook for Moving Your School from Improvement to Innovation*）和《摆脱困境：好奇心、同伴辅导和团队合作如何变革学校》（*Unstuck: How Curiosity，Peer Coaching，and Teaming Can Change Your School*）等书籍。

目 录
CONTENTS

绪论：为什么需要学习模式

如果有人给你1000美元，让你画一个较为准确的人体循环系统模式图，你大概只需几分钟就可以拿到这1000美元——哪怕你不是医生。因为你知道，人体循环系统里面包含心脏、静脉（负责把脱氧血液带回心脏）和动脉（负责把含氧血液带到人体的肌肉和各个器官）。由于涉及氧气，所以你知道还必须把肺部包括进来。在思考几分钟之后，你大概可以勾勒出一个可用的模式，并在其中标明关键部位，同时适度地使用一些专业词汇。

基本上，你可以弄清楚身体是如何吸入氧气，然后把它分送到身体的各个细胞，并且把废弃的二氧化碳排出体外的。这是因为，人体循环系统在几百年前就不再是一个神话了，我们都在学校学习并了解过相关的知识。虽然我们（即使是在最好的情况下，无论如何都）无法亲眼观察到人体的循环系统，但是大家都知道与之相关的一些基本常识。

然而，正在阅读本书的你，很可能不是一位心脏病专家，而是一位教师。那么，你不妨试试，看看自己是否能绘制出一个关于人类学习系统的模式——也就是，信息是如何进入大脑，并被转化为我们今后可以回想起来的长时记忆的。换句话说，大脑是如何"吸入"并储存信息，并且在将来需要用到的时候回想起这些信息的？这个过程是怎样发生的？其中涉及哪些关键术语？

我将给你一些时间。

这确实有点难，对吗？关于这个思维实验，如果你处理起来感到吃力，请不要感到沮丧。在过去的几年里，我已经和美国以及世界各地的数百名教师、校长及管理人员尝试过这个思维实验，结果发现它几乎对每个人来说，都是一项挑战。

然而，人类学习系统确实是存在的。尽管与血管相比，科学家发现人类学习系统的组成部分以及工作过程的时间要稍微晚一些，但是几十年来（如果具体到某些方面，甚至是一个世纪或更久），认知科学家已经知道了很多关于大脑如何把信息储存到长时记忆中的知识。而这些，都是我们应该了解的知识，尤其对教育工作者而言。

我们也可以这样想：如果一位医生并不了解大脑结构，也不了解各种手术方法会对大脑产生什么影响，你会同意这样一位医生来为你进行脑部手术吗？教育亦如此——课堂教学就像是一年中有 180 天都在一间满是"患者"的教室里进行的"无创性脑部手术"，要做好这台"手术"，我们需要了解大脑是如何工作的，并能够将这种理解落实到为学生设计学习体验的过程中去。

如何惟学无际

许多教师通常对学习原理知之甚少，尽管这并不是他们自己的过错。认知科学（或者称之为"学习科学"）虽已经存在了几十年，但是不知为何，很多师范教育计划都没有把与之相关的知识充分涵盖在内。事实上，有人对数十本最热门的职前教育计划教科书进行了研究，结果发现，其中没有任何一本教科书准确描述了以学习科学为基础的 6 个关键教学策略（Greenberg, Pomerance, Walsh, 2016）。因此，根据报告作者所述，新教师并没有针对学习"为了让所学知识得以巩固所需了解的最基本的知识"（p.v）。他们往往带着一个"不完整的工具箱"走进教室，结果导致自己沮丧不已又不知所措，学生也会因此受到影响。

本书旨在通过提供基于研究的教学策略及相关的课堂工具箱来改进上述不足，以纠正上述问题，让你可以引导学生并帮助其更好地学习。本书并非填鸭式地向你灌输相关知识，而是解释与这些策略相关的认知科学，让你可以在设计学习体验时按顺序应用这些策略，从而促进学生的学习体验兼具挑战度、启发性和吸引力。如此，你将学会如何更有目的性地进行教学——也就是，不仅明白要做些什么，而且明白应该在何时以及为何要如此做。你还会知道，当出现问题的时候，或者学生对掌握新知识感到吃力的时候，应该怎么办。

探究学生大脑的"黑箱"

坦率地讲，当我作为教师第一次走进教室时，对以上所提到的这些事情也知之甚少。诚然，我是知道一些教学的最佳实践方法的——例如，提出一些高层次问题，向学生展示流程，提供反馈，等等。然而，不可否认的是，我并不太了解为什么这些属于最佳实践方法——就是说，这些做法到底是如何帮助学生学习的。当时，我也并不清楚当我在进行教学的时候，学生大脑里面的真实情况。我只是知道，我需要把一些知识教好，让学生开展练习，对他们进行测试，希望知识可以得到巩固。

如果你在那时候去听我的课，你可能会看到我做了很多"正确的事情"，比如提出一些引人深思的问题、组成合作小组、提供反馈等，这些我都做了。

但是，如果你问我为什么要做这些事情时（比如，为什么要把孩子分成多个合作小组），我大概会给你一个茫然的眼神。或许，如果情况好的话，我会说："嗯，这个星期我已经对孩子们说得太多了，所以我想他们需要暂停一下，做点别的。"

当然，这个回答肯定不是正确答案，但是当我们询问一些教师为什么要在课堂上使用某些实践做法时，我和同事们［包括克里斯（Kris）和托妮亚（Tonia）］所听到的回答也是差不多的。正是因为在这么多的场合经常听到类似茫然无措的回答，才令我最终决定写这本书。

为什么要写这本书

几年前，当 ASCD 和 McREL 出版了两个版本的《有效的课堂教学》（Dean，Hubbell，Pitler，Stone，2012；Marzano，Pickering，Pollock，2001）（该书目前依然是所有印刷过的非常受欢迎的教学类书籍之一）时，我和同事们就开始有了一些想法。在这些书里面，我们发现了几个"高效的"教学策略。书籍出版后，我们花费了大量的时间在各个学校和课堂帮助教师们使用这些策略。而在教室里听课，以及观察教师的实际做法时，我们就开始遇到了一些困扰。

刚开始，我们以为，或许我们看到的只是教师们在真诚地初步尝试这些最佳的实践方法。例如，有些教师似乎觉得，如果一点点的合作学习会有好的效果，那么大量的合作学习应该会有更好的效果——而我们所看到的却是，在他们的课堂上，学生分成小组坐在一起阅读教材（"相互询问对方是否遇到什么困难"），这样几乎无法带来有效的合作学习。可是老师们似乎还觉得自己正在做着对的事情——毕竟，研究表明合作学习是有效的。

同时，我们还遇到过不少校长，他们非常固执地追求要使用有效的教学方法——甚至强行要求教师们一遍又一遍地使用一些方法，例如比较异同法，却不管教师是否知道何时，以及为何要让学生参与到比较和对比的思维练习中。从某一层面来说，他们正在做"正确的"事情，但是做这些事情的缘由却是浅层的甚至是错误的。

不过，这也并非全然是坏事。我们也看到许多好的事情正在发生，尤其是当教师和整个学校的团队越来越有意地使用循证教学实践时——通过对自己使用这些实践方法的缘由进行思考。当这种情况发生后，学生的参与度和学习效果都得到了显著提升。

在 ASCD/McREL 后来写的关于教学的一本书《优质教学的 12 个试金石》（*The 12 Touchstones of Good Teaching*）（Goodwin，Hubbell，2013）里，我们强调了教师需要提供具有挑战度、吸引力和目的性的教学，并且展示了《有效的课堂教学》（*Classroom Instruction That Works*）一书中的教学策略是如何帮助学生学习的（例如把"做什么"和"为什么"配合使用）。我们希望，通过展示"做什么"背后的"为什么"，帮助教师把各个点联系起来，为需要完成的学习任务选择合适的教学策略。

然而，我们还是发现，教师们往往只是根据自己的行动步骤，而不是根据自己希望学生做的事情以及思考的内容，来处理教学计划。他们会遵照一个教学计划模板来教学，却没有真正思考在教学的每一个步骤里，学生的大脑里正在发生些什么。结果，课堂常常被一连串对学生而言既没有吸引力也没有挑战性的活动所填充。简而言之，许多教师的焦点通常在教，而不在学。

以学为本

当我们察觉到很多教师都遗漏了些什么的时候，我们就有所发现了——要深入了解当学生参与各项学习活动时，他们的大脑里会发生什么。毕竟，在任何课堂上，真正的"行动"都是在大脑里发生的。但对很多教师（在我们更深入地钻研学习科学之前，包括我们自己）而言，学生的大脑基本上像一个"黑箱"。因此，当学生的学习出现问题的时候，我们并不太确定到底是哪里出错了，或者要做些什么改变来帮助学生学习。

其实并不一定如此。

本书将会助你窥视学生大脑这个"黑箱"。书的内容包括大脑如何对新信息作出反应，如何储存信息以备将来使用，以及如何提取记忆并把原有知识应用到新场景等相关基础知识。在阅读过程中，你可能会发现，自己需要忘掉自己原本以为已经知晓的与学习有关的一些知识。正如我们将会看到的那样，大多数人都使用过一些"久经考验的"、我们认为有效的学习策略——但是这种"有效"或许只是一种假象而已，它们与科学家多年来所发现的与学习有关的事实往往是背道而驰的。

填补教育研究与学习科学之间的缺口

从某些重要方面而言，本书和你书架上或者电子书阅读器中的任何其他书籍都不一样。

没错，或许你可以找到很多能够告诉你应该使用何种教学策略的（很可能基于研究的）书籍，但它们很少建立在学习科学的基础上。因此，它们可能会帮你解决某一具体的实践问题，但是对帮助你思考"学生的大脑中应该发生些什么才能让他们进行深度学习"则没有什么用。你也不太可能深入理解某个具体的策略为何会有效、你应该在何时使用某个策略，以及这种策略在何时会无效。

另一个极端的可能是，你可以找到很多新兴的书籍为你提供学习科学和脑科学的相关见解。这些书籍有自己的作用，尤其对准备深入钻研神经科学的专家医生而言——神经科学是一个极有吸引力的领域，并且已经开始取得一些对教育工作者有用的成果。但是，如果要从神经肽开始，一直研究到在教室里对几十名青少年进行教学的真实情况，这个过程实在太过漫长。因此，对要备课、改作业，以及在下午 3:30还要开教职工会议的教师而言，可没有余力再研究脑科学了。

在编写本书时，我们一直都考虑一个现实情况——比如你在明天之前需要准备好某节课或某个单元的教学计划。本书并不会对大脑的电化学、树突和枝晶等进行像博士后研究水平那么深入的钻研，相反，它会总结过去几十年来从认知心理学——学习研究——中所产生出来的一些大概念，以及这些概念对课堂教学的启示。

一方面，本书将会帮助你"跳脱出来"，从头到尾更好地掌握学习过程。另一方面，在更深的层面上，本书还会帮助你不断深入了解在学生学习过程的每一个阶段中，他们的大脑会发生些什么变化，包括会发生哪些"阻塞"或"泄漏"，以便你可以相应地调整自己的教学策略。通过这样的方式，本书将会揭开学习过程的神秘面纱，并且有望在这个过程中让你拥有很多"灵光乍现的时刻"，从而帮助你筛选出那些会妨碍学习或者适得其反的实践方法，最终令你课堂上的学习更高效、更愉快。

提供一个学习模式

本书最独特的地方或许在于，它提供了一个可供你在课堂上运用的学习模式，这个模式提取自学习科学所得出的最重要的那些观点。事实证明，这个模式反映了学习科学本身的一个核心见解——那就是，当我们"从新材料中提炼出关键概念，然后把这些概念放到一个心智模式中"时，我们就能获得最好的学习效果（Brown，Roediger，McDaniel 2014，第6页）。正如你稍后将在本书中看到的那样，想要记住一些信息，我们必须先理解它，把各个信息点联系起来，并且把各个概念聚集在一起。为了做到这一点，最好的方法之一就是，为我们身边的世界建立一个心智表征——这个心智表征要足够简单，让我们可以跳脱出来看清楚其中每一部分是如何组合在一起的，同时又要足够准确和完善，让我们可以深入进去理解关键细节。

虽然研究人员还在设法弄清楚大脑工作方式的一些更具体的细节，但是本书中所描述的大脑工作流程，反映了认知科学家普遍认可的、把信息从五官感觉转化为深层次的长时记忆时所涉及的基本流程。更好的教学——有助于进行深度学习的教学——能够反映知识是如何自然而然地经历各个学习阶段的，这也是本书将会分享的内容。

总体而言，本书将使用我们从认知心理学中所获得的知识，尤其是所谓的信息加工模式，然后将之转化成一个可用于课堂和单元教学设计的模式。拥有一个可信且可行的学习心智模式，能够帮助你为学生策划更好的学习机会，判断并解决他们遇到的学习挑战，并相应地调整你的教学——就好比，医生使用经过验证的循环系统模式来诊断和解决心血管疾病一样。

并非另一个框架，而是一个模式

此刻，你可能会想："等一下，我想起我们学校或我们学区已经有了一个全区通用的教学模式了。这两者是不是一样的呢？"——很可能不一样。

这是因为，人们通常所说的那些教学模式，其实根本就不是模式，充其量是教学实践框架。这听上去也许像是钻牛角尖，那么，就让我们稍微花点时间来分析一下"模式"和"框架"这两个术语的区别，它们经常被交替使用，但是却有着明显不同的含义。

"模式"能够解释抽象概念，并且通过描述某个过程、循环或顺序来提供事物工作方式的心智表征。例如，水循环为气象学家提供了一个共识，即水是如何从海洋蒸发、凝结成云、再通过降水回到地面的。在电影和戏剧里面，作家和编剧通常会遵循一个三幕模式，即剧情上升、冲突和结局，把一组组的场景排列成故事。基本上，模式能够通过向我们展示事物的工作方式，以及事物如何有序地结合在一起，帮助我们理解一些程序性（如何做）知识。换言之，它们会展示如何做某些事情，并且常常会提供可供效仿的基本模板。

相比之下，"框架"是用来把陈述性（事实性）知识进行组织安排，放到不同的种类、类别或心智"桶"里面的。例如，在文学上，我们使用各种框架来区分各种类型的小说（例如悬疑小说、动作小说、浪漫小说等）；在生物学上，我们使用由亚里士多德最先制定的分类法对不同类型的生物体进行归类（例如哺乳类、爬行类、鱼类等）。考虑到上述解释，大部分的教师评估系统，以及众多所谓的教学模式，其实都属于框架——它们把我们希望教师在课堂以及职业生活中加以注意的所有东西进行了归类（例如备课、创造积极的课堂氛围、讲授知识、进行合作学习，等等）。简而言之，它们只是讲了教师要做些什么，却未必说清楚应该如何去做。

而关于"如何做"，就需要有一个模式。

在慢慢深入了解本书中所描述的学习模式时，有些敏锐的读者或许会察觉到，这个学习模式和一些流行的教学设计模式有所相似，如马德琳·亨特（Madeline Hunter）的显性直接教学法（explicit direct instruction，EDI）模式、罗伯特·加涅（Robert Gagne）的"教学过程九阶段"模式等。事实的确如此。本书中的学习模式和那些旧模式有许多相似之处（旧模式彼此之间也有类似之处）。这是因为，它们大多数都有共同的根源，那就是本杰明·布鲁姆（Benjamin Bloom）在20世纪六七十年代基于认知科学而建立的掌握学习模式。

不过，你会发现，和很多早期的模式不一样的是，"惟学无际"模式并不是围绕教师指导教学的步骤（例如开始一节课，检查学生的理解情况，创造练习机会，等等），而是围绕学生进行深度学习时所采取的步骤而设计的。本书这样做的目的，是为了拓展你的思维，让你能够"转变"思维，去思考当你在教学时学生的大脑应该发生些什么，从而以自己可以做些什么来引导和支持学习为目的，来计划自己的教学行动。简而言之，最重要的，并不是你在教些什么，而是学生在学些什么。

本书是如何设计的

本书基于一个简单的前提，即学习也许是复杂的，但学会学习不一定复杂。本书从学习科学中提取了一些大概念，并将之转化为一个易于执行的六阶段学习模式。第二章至第七章是按照我们已经确定的各个学习阶段来命名的。我们相信，无论你教的是什么科目或者哪个年级，这些阶段都是符合逻辑且易于掌握的，并且非常适合你的课堂。

每一章的内容都会帮助你跳脱出来,从头至尾了解学习的整体情况,还会帮助你深入了解细节和实际意义,包括对每个学习阶段有所帮助的教学策略。因此,你不仅可以知道应该做些什么,而且可以理解何时,以及为何要使用某些教学策略。

阅读完本书后,你应该可以勾勒出或解释大脑认知系统工作方式的基本流程图,以及记忆形成的各个阶段。如果这听起来有些过于理性或理论的话,请别担心,本书还会告诉你如何运用书中观点来指导课堂和单元教学设计,并且会提供许多可以马上使用的实操建议。在每一个步骤里,你都会获得一个基于研究的教学策略工具箱,其中的教学策略可以用来支持学习过程的每个阶段。自始至终,你都可以回到学习科学的角度,来理解为何某一个具体的策略会在某一个特定的学习阶段产生效果。

这是起点,并非终点

最后,请记住,本书并不想为教师们提供一份锁定步骤的检查清单。在实践中,你可能会发现,这些学习阶段并不总是线性的,实际生活中的学习过程往往更凌乱且更具迭代性。简而言之,我们不希望这个学习模式变成必须遵守的固定脚本,它应该是一个"跳板",用来引发更具目的性和创造性的教学。实际上,关注学习科学是为了鼓励作为教师的你进行更深入、更具反思性的专业实践。

本书旨在帮助你根据学生大脑的工作方式来设计学习,让你可以为学生提供具有挑战性、吸引力和愉悦度的学习体验。顺便说一下,有一个词可以用来形容这种具有吸引力且愉悦的学习体验——"好奇心"。正如你将会看到的那样,好奇心是深度学习的重要驱动力。当出现好奇心时,学习就会势不可当;如果没有好奇心,学习就会兴味索然。现在你大概已经对学生的学习过程感到好奇了吧?那么,就让我们一起深入了解学生的大脑,教育工作者一直都觉得那就如同"黑箱"一样,其实不必如此看待它。

第一章
了解学习科学

你在本书中学到的并非是什么新潮的知识，其中的内容主要基于一些经过精心设计的学习研究，而同行评审出版物几十年来已经介绍过这些研究。事实上，其中的某些内容可以追溯至 19 世纪 70 年代。当时，德国的一位业余科学家赫尔曼·艾宾浩斯（Hermann Ebbinghaus），以自己作为单一的研究对象，展开了一系列不同寻常的实验。

艾宾浩斯会在每天晚上的同一时间，独自坐在一个安静的房间里，并从一个盒子里抽出几张小纸片。每张小纸片上都有不同的无意义音节，这些音节选自他精心创造的 2300 个无意义音节列表（例如 mox，fim，tib）。他会在笔记本记下纸片上的每个音节，然后启动一个节拍器，并循着它的节奏，按相同的时间间隔，以单调的声音背诵所列出的每个音节。其后，他会合上笔记本，一遍又一遍地尝试回忆这份音节清单，直到他能回想起全部音节。

从这项孤独而乏味的工作中，艾宾浩斯获得了许多关于人类思维内部运作的重要见解，包括"遗忘曲线"（我们忘记新知识的速度）和加强记忆的方法（Boring，1957）。最重要的是，之前关于人类思维的思考大部分仅仅停留在哲学层面上，但通过严格而有条不紊的实验，艾宾浩斯开始将这些思考变为一种科学追求，为研究和探索人类的学习方式铺平了道路。

信息加工模式

从 20 世纪 50 年代开始，认知科学家开发了一个模式，俗称"信息加工模式"。该模式用计算机来比喻信息进入大脑之后发生的变化。诚然，这个比喻是不充分的。

大致说来，信息加工模式想要描绘，所有新信息在最终停驻于我们的长时记忆之前所必须经历的一个漫长而危险的旅程，这一旅程充满各种曲折、转折和困境。正如你会发现，人类大脑的强大令人震惊，但其矛盾性又令人恼火。有时它会忘记主人拼命想要记住的东西（比如，我老板的丈夫叫什么名字？我把用来逃跑的车停在哪里了？），有时它又会记住主人极力想要忘掉的东西（比如一句无情的话或一段烦人的叮当声）。

在许多方面，学习的挑战植根于人类大脑的一个基本悖论。虽然人类大脑可以学习和保留海量信息，但同时它也非常擅长忽略和遗忘信息，而这一点在很多方面都是一件好事。如果我们对环境中的每一个刺激物都给予关注，且要设法把注意力放在身边发生的一切事情上，我们的精神会高度紧张，进而头晕目眩。如果我们对任何事情都无法忘记，随着大脑被无用的信息堵塞，我们将逐渐无法应对这个世界。

事实上，过多的记忆会让人烦恼——甚至会致命。细想一下吉尔·普莱斯（Jill Price）的奇特案例。乍一看，她似乎拥有一种超能力：永不忘记的能力。现在她已经 50 岁出头了，她依然可以回忆起十几岁时发生的事情，就像昨天才发生那样。如果你问她 1980 年 8 月 29 日那天在做什么，她会告诉你，"那天是星期五。我和我的朋友，双胞胎妮娜和米歇尔，以及他们的家人一起去棕榈泉过劳动节周末"。

她第一次听瑞克·斯普林菲尔德的《杰西的女孩》（Jessie's girl）这首歌是什么时候呢？1981 年 3 月 7 日。当时，她正在开车，而母亲正冲着她大喊大叫。她第三次开车是什么时候？1981 年 1 月 10 日。那天是星期六，而当时她正在"青少年汽车中心"———一个我们过去都在那里学习驾驶课程的地方（McRobbie，2017）。

临床测试结果表明，普莱斯属于罕见的"超忆症"或"超级自传体记忆"（HSAM）的人。这类人能够反常地回忆起多年前生活中的大量细节。例如他们吃过的每顿饭、记下的每个电话号码，以及在收音机中听到的每首歌曲，等等。听起来特别棒，对吗？但实际上并没有那么好。普莱斯会告诉你，"超忆症"经常让她的脑海乱作一团，让她在理智的边缘摇摇欲坠。

> 我的记忆支配了我的生活。每当我看到电视上（或其他任何地方）显示某个日期时，我都会自动回到记忆中的那天，并想起当时我在哪里，在做什么，那天是什么日子，等等。这种情况从不间断，无法控制，令人筋疲力尽。大多数人认为这是一种天赋，但我认为这是一种负担。我每天都在脑子里过一遍自己的一生，我都快要疯了！（Parker，Cahill，McGaugh，2006，第 35 页）

记忆的阶段

最近的神经科学研究发现，大脑似乎会主动而有目的地忘掉我们学到的大部分内容——不断修剪和清除那些旧的和不需要的记忆（通常是在我们睡觉时），让我们可以专注于更重要的信息。事实证明，对记忆系统而言，遗忘和记忆同样重要（Richards，Frankland，2017）。忘掉无关信息可以简化记忆，减弱生活的喧嚣和信息丰富世界中的静态嘶嘶声，使我们能够专注于所需要的细节，做出更好的决策。

所以，为了心灵的健康与快乐，大多数人都会忽略或忘掉自己所经历的绝大多数事情，这是件好事。但是，在学习上也是如此吗？那可不太好。作为教育工作者，我们一直在与学生的大脑作"斗争"，因为他们的大脑已经被设计为要忽略或忘掉他们所处环境中的大部分内容，包括我们在课堂上与他们分享的知识。因此，我们首先需要了解记忆的各个阶段，然后再认识一下与之相关联的学习阶段，以构建一个学习系统的心智模式。

感觉登记器：在噪声中寻找信号

在创造记忆之前，我们必须通过 5 种感官（视觉、听觉、触觉、味觉、嗅觉）中的一种或多种，或相关的律动感和平衡感，来注意到一些初始信息。我们的神经将这些刺激转化为电信号，而电信号会在几毫秒内沿着我们身体的神经纤维进行传播，并以难以置信的紧迫感加速到达大脑；然后，令人惊讶的是，大脑会在不到 1 秒的时间内迅速丢弃绝大多数刺激。

为什么会这样子？这是因为，在我们身边，每一天每一秒发生的事情太多，大脑无法详尽地记住所有这一切。我们的身体是为了在恶劣的环境中生存而设计好的。为了生存，我们的祖先首先需要关注和记住真正重要的东西——那些能够让我们远离捕食性动物、获得营养和庇护的东西。例如，当一头狮子正在一边舔着嘴巴，一边穿过大草原上的草丛向我们走来，我们要忽略狩猎伙伴喋喋不休地谈论他的消化问题，并将我们的注意力集中在一个针孔般微小的刺激物上，这是非常重要的。集中精力，关注细节，这是"继续活着给大家讲故事"和"成为狮子的午餐"之间的区别。

几十万年后的今天，我们在一天中所感受到的信息中，大部分都可以完全忽略。事实上，大脑过滤干扰的能力常常是必要的，因为这样才可以帮助我们专注于此时此刻最重要的刺激。例如，我此刻正在户外，在女儿的游泳比赛现场，我的双手正在笔记本电脑上敲打出这段文字。但被我忽略掉的周围的刺激物有哪些呢？比如尖叫的孩子、嘈杂的音乐、在微风中飘动的毛巾，以及路过的人。然而，作为教师，这意味着我们必须确保学生将注意力像"针孔"般集中在学习内容上。

下次，当你走进学校或办公室时，试着观察并尽可能长时间地记住你所看到、听到和感受到的一切：停车场里每辆车的颜色和形状，你遇到的人正在进行的谈话，微风拂过或阳光照在你脸上的感觉，你见到的每个人穿着的衣服及其面部表情，等等。这就是感觉登记器，无论时间长短，它都不可能同时保存每一个输入，而通常只能保留已登记内容中的一小部分。正如我们将会发现的那样，大脑中的"规则"形成了某种先后顺序（a pecking order），让我们知道要关注哪些信息、忽略哪些信息。

顺利通过感觉登记器的过滤，并且被认为足够重要的刺激，便可以沿着记忆的3个阶段继续前进：瞬时记忆、工作记忆和长时记忆。不管哪种类型（陈述性或程序性）的记忆，都是如此，尽管采取行动的大脑区域会有所不同。

陈述性记忆是指对事实、信息和个人经历的回忆，会存储在新皮质（大脑外部一个面积较大且皱巴巴的灰色部分）以及更深的海马体和靠近大脑中心的杏仁核内部。它会进一步被划分为情景记忆（对我们亲身经历的事件的回忆）和语义记忆（我们学到的事实和信息）。

程序性记忆是指能够重复身体动作和技能的记忆，例如如何骑自行车或画一幅肖像画。这些基于表现的记忆，会存储在基底神经节和小脑中，并且协调我们的运动平衡（Queensland Brain Institute，n.d.）。神经科学家的实验发现，程序性记忆一旦建立，就会非常牢固，而且它不像陈述性记忆那样容易随着时间的推移而被淡忘。因此，虽然距离我们最后一次骑自行车绕过街区已经有好几年了，但我们依然记得如何骑自行车（Suchan，2018）。

瞬时记忆：前 30 秒

那些顺利通过我们的初始过滤器的少数幸运的感官输入，会由电信号携带到神经元；由神经元产生一种生化电荷，对该刺激物的印象进行记录或编码；神经元会将这个代码传递给它所连接的其他上千个神经元；同时，每个神经元都可以帮忙存储和回忆各种不同的记忆（Reber，2010）。往后，当你尝试回忆某个特定记忆时，该组神经元会触发与之相关的同一个生化代码，从而在你的脑海中重建该记忆

（Mastin，日期不详）。

我们最初的瞬时记忆属于短时记忆，仅能维持约 30 秒。20 世纪 50 年代，哈佛大学的心理学家和研究员乔治·米勒通过一系列实验发现，短时记忆的容量也很有限。大脑每次可以主动关注并处理大约 7 比特的信息（Miller，1956）。米勒将"7"称之为"魔法数字"，其范围包括小的单一项目（例如字母表中的某个字母或单个数字），也包括大脑由于某种联系能够组合在一起的信息块，例如单词或数学函数。

如果尝试一次处理超过 7 比特的信息，大多数人的脑子都会开始出错并忘记一些数据点，也就是说，我们就会错失一些信息（Harvard University Department of Psychology，n.d.）。多亏了米勒，我们才会有较短的电话号码，因为是他的研究说服了世界各地的电话公司，将本地电话号码限制为 7 位数。然而，人们重新审视米勒的研究（University of South Wales，2012）后发现，这个神奇数字可能更接近于 4，因为当我们对一个 7 位数（例如 6458937）进行编码时，我们真正会做的，似乎是把它分成 4 个较短的数字组，例如 64、58、93 和 7。

在瞬时记忆中，一次处理 4—7 个项目听起来似乎并不多。但是，想想每天在你的教室里发生的学生活动，你会发现学生在做以下事情时，必须不断地使用瞬时记忆。

◇阅读书籍、网站或平板显示器上的文本时，学生会逐行浏览单词。要理解各个句子的意思，他们必须保持对之前刚读过的单词的瞬时记忆。

◇倾听你或他们同龄人的意见。他们使用瞬时记忆来记录你或同龄人刚刚说过的话，并在心里准备好自己的回应。

◇解决数学加法或减法问题。他们在解决计算问题时必须短暂地记录位值和结转。

这些最初的记忆并不轻松——这个阶段只能维持约 30 秒，因为 30 秒后，大脑必须再次清除一些信息。它无法存储所有内容。但如果刺激被认为足够重要，它就可以在大脑中保留足够长的时间以前进到下一个阶段，即工作记忆。

短时工作记忆：最多 20 分钟

此时，意志就开始发挥作用了。如果我们有意识地专注于瞬时记忆中的内容（例如通过聆听某些人的说话或在书中做旁注），会促使神经元重复进行化学交换和电子交流，而这反过来又会提高其交流的效率和强度（Queensland Brain Institute，n.d.）。这就像在森林中开辟了一条新路，当你的脚踩在土壤和植被上时，它会使路径更明显，更容易跟随（表1.1）。

表 1.1　短时记忆与工作记忆

短时记忆与工作记忆	短时工作记忆
为简单起见，本书合并了两个有所重叠但又截然不同的概念：短时记忆和工作记忆。尽管认知科学家仍在争论这些概念之间的确切关系（Aben, Stapert, Bickland, 2012），但我们或许可以从如下角度看待两者间的差异。 　短时记忆是我们的意识流——我们在任何特定时刻保持关注的感官事件（例如听讲座、读书）和信息（例如姓名、单词、数字）。当我们对短时记忆中的内容进行脑力劳动时——例如操纵、聚类或将其和已存储的记忆联系起来——我们使用的就是工作记忆	科学家通过大脑成像发现，当我们从简单地重复短时记忆中的内容（例如重复一串字母）转变为操纵短时记忆中的内容（例如把同一串字母按字母顺序进行排列）时，我们所激发的大脑区域似乎是不同的。所以，本书将工作记忆视为短时记忆加上脑力劳动。读者将看到贯穿全书的一个重要理念，即"学习之道"意味着要将精力集中在短时记忆上，——也就是说要用好工作记忆。与其在这两个相似的概念之间来回切换，不如简单地使用"短时工作记忆"这一具有混合性质的术语

然而，想在森林中开辟一条清晰可见、容易跟随的路径，我们要做的远不止是沿着同一条路线走一两次。同样，工作记忆中的路径也不会维持很长时间，在记忆衰退或继续发展为长时记忆前，回忆能力大概只能维持5—20分钟。

虽然本书主要关注大脑对新信息的处理，但据神经科学家所说，当我们激活旧记忆并将它们带到脑海中时会用到工作记忆。随着新记忆的建立，我们越是频繁地回忆和思考这些现有记忆，包括将它们与新的感官输入和正在学习的信息结合，神经通路就会变得越有效，每次都让我们头脑中的记忆再加强一点。

长时记忆：可能持续一生

如果我们通过重复、排练、情境化或应用来频繁地重温信息，就可以将其带到最终目的地——大脑会产生更多、更大的树突（神经细胞的延伸部分）来存储这些记忆（Young, 2015）。

不仅如此，使用与相同概念有关的不同感觉输入激活神经元，可以加强记忆，并在相关记忆之间建立更多联系和通路，从而建立更广泛的理解。换句话说，通过阅读与某个主题——比如说"民权"——相关的内容，并且聆听或观看活动家和历史学家在采访中对时事的描述，以及参观博物馆或与民权活动有关的场所，都可以强化对该主题的记忆和认知。

在这个阶段，努力就是一切；我们对一个话题的思考和体验越多，我们创造的记忆就越强烈。如前所述，我们的大脑会主动清除大部分记忆。研究人员认为，睡眠对这一过程至关重要。当我们沉睡时，我们的潜意识会整理和组织当天的各个事件，尽可能地铭记重要的点点滴滴，并在其他相关的点点滴滴之间建立联系。它还会删除掉自认为无用的记忆——特别是那些我们没有强烈储存或与其他学习内容没有关联的记忆。早上，我们神清气爽地醒来，准备好接收新一天的感官输入。

再回想一下我最初在序言中提出的那个问题。现在你能概述记忆运作的基本原理，即知识是如何进入大脑，并被保存以备将来使用了吗？

◇感官输入：我们感觉到新事物，然后我们的神经元向大脑发送电脉冲。

◇感觉登记器：我们的大脑几乎瞬时就会判定，这些感知数据是否重要。

◇瞬时记忆：我们大脑中的神经元细胞会对重要数据进行处理，并产生生化代码；而生化代码可以在以后重现这种经验。视存储的记忆类型而定，大脑不同区域的神经元之间会共享这些代码。

◇短时工作记忆：如果我们专注于我们的瞬时记忆（或回想先前的记忆），我们就可以在神经元之间创建更强的通路，增加未来能够回忆起这些信息的可能性。

◇长时记忆：如果我们重温这些记忆，将通路保持在活跃状态，并通过将它们与其他感官输入以及相关记忆联系起来，为其增加新内容，那么我们就可以加强将旧知识应用于新情境的能力（反之亦然）。

当然，这只是对记忆形成的一个总结，也是一个简短的总结——相当于在我们可以轻松戴水肺潜水的地方滑了一下水而已。

将记忆科学应用于学习模式

正如我们之前提到的那样，有时"脑科学"可能变得过于细化和不切实际，因而无法为教育工作者提供帮助。要成为一名优秀的教师，我们并不一定非要了解神经肽，但我们确实需要了解关于学习如何发生的可靠心理模式，以便可以使用策略帮助学生在适当的时间以正确的方式更好地取得信息的控制权，使新知识获得穿越记忆各个阶段的最佳机会。

那么，作为教育工作者，我们如何才能利用自己对这些信息加工阶段的了解，来确保课堂计划和教学传授能够帮助学生巩固所学习的知识呢？我们应该通过遵循学习模式，将教学策略安排成一个更大的过程，以实现新知识通过学生的 3 种类型记忆进行传播。

感觉登记器和瞬时记忆

我们必须在学生的头脑中触发以下两个关键的学习阶段，以便新信息顺利通过感觉登记器的过滤器，然后进入学生的瞬时记忆。

产生兴趣。令相关信息可以顺利通过大脑心理过滤器的外部刺激，往往有两种类型：唤起情感的刺激和引起好奇心的刺激（通常按此顺序）。我们的大脑会默认忽略除此之外的几乎所有事情。这意味着，要让学习过程开始发生，即让信息顺利通过学生的心理过滤器，我们需要帮助学生在学习环境中感到舒适，然后加入某种情绪（如兴奋、愤慨、激情）和 / 或能够让他们惊讶不已的、对正在学习的知识的智力刺激。例如，我们可以给他们提供一个疑团——比如，"几千年前，猛犸象是北美的主要生物。那么，到底发生了什么，导致如此大规模的生物消失无踪了呢？"

投入学习。产生兴趣虽然至关重要，但也只能帮我们到此为止了；为了不仅仅只是学习花边新闻或离散式技能，我们必须更进一步地投入更多的学习中。作为教师，我们可以通过把新知识和技能作为影响他们生活的大图景的一部分来进行展示，帮助学生做到这一点，并帮助他们为自己的学习设定清晰、具有挑战性而且可以实现的目标。简而言之，在提到学习的时候，我们需要帮助学生回答这么一个简单的问题："这对我有什么好处？"例如，我们可以帮助学生弄清楚，了解猛犸象灭绝的原因与现代危机（例如世界各地物种的大规模灭绝）之间有什么联系。

工作记忆

一旦信息开始进入到学生的工作记忆中，学生必须进入以下两个学习阶段，开始对信息进行编码，为长时记忆存储做好准备。

聚焦新知。一旦学生"渴求"新知识，他们就必须积极思考正在学习的内容才能获取新知识。例如，他们可以参加问答环节，仔细阅读文本，遵循已建模过程，通过创建概念的非语言表达形式将正在学习的内容形象化，或者在课堂上做笔记。所有这些主动学习过程，尤其在结合使用时，都有助于知识更深入地渗透到大脑中。

理解知识。由于工作记忆的局限性，我们必须将知识"分成"适合吸收的信息小块，其中散布着将新知识与原有知识联系起来，并将各种概念进行聚类的机会，这就是我们的大脑存储知识的方式——存储为概念网络和记忆网络。虽然知识仍然存在于我们的工作记忆中，但我们必须在细节淡化前"理解"它。例如，我们可以帮助学生，将猛犸象如何灭绝的各种科学事实、细节和见解，归结为三大科学理论：过度杀戮、疾病蔓延和过度寒冷。

长时记忆

到了这一刻，新学习的知识仍处于十字路口；学生的大脑已准备好修剪这些信息，将它们丢弃到大脑中的垃圾堆里，除非学生进行如下的两个学习阶段。

练习新知。为了将学习到的知识保存至长时记忆中，我们必须与它进行多次约会。事实证明，填鸭式教学很少奏效。相反，当进行分散练习（在分开的几天内进行多个练习环节）和提取练习（就新知识进行测验或自测）时，我们会更容易记住所学知识。学习科学表明，在记忆中搜索开始消退的知识，会重新激发那些逐渐减弱的神经网络并加强记忆。因此，让学生有机会多次重复、讲述和提取新知识和技能，会使他们更容易将新的学习内容保存到记忆中。

拓展、应用并发现意义。我们可能都经历过这样一种挫败感，那就是，努力想从记忆中回想起某一则重要的信息却始终想不起来。当这种情况发生时，大脑中的真实情况是，我们已经存储了这则信息，但却因神经通路太少而无法成功提取。这种"用进废退"的学习原则表明，当学生与知识建立多种联系时，他们可以更容易地提取这些知识，例如，将其与多则其他信息联系，对其进行更加深入的挖掘，或使用它来解决现实世界的问题。具体来说，我们可以鼓励学生深入研究使用核糖核酸（DNA）使猛犸象复活的科学和伦理，或调查导致其灭绝的原因是否可能引起全球蜜蜂种群的崩溃。

融入全过程

总而言之，我们可以将整个学习过程想象成如图 1.1 所示的模式。这些步骤共同为学生的学习提供了一个六阶段的简单模式。表 1.2 呈现了这 6 个阶段的更多细节，以及一个实用的工具箱，以便你把这几个阶段带进课堂，其中包括《有效的课堂教学》（Dean et al.，2011）和《优质教学的 12 个试金石》（Goodwin，Hubbell，2013）中的许多循证教学实践。请牢记，你不必在每节课中把所有工具都用上，而应该通过你的专业判断力来运用它们为学生设计学习机会。

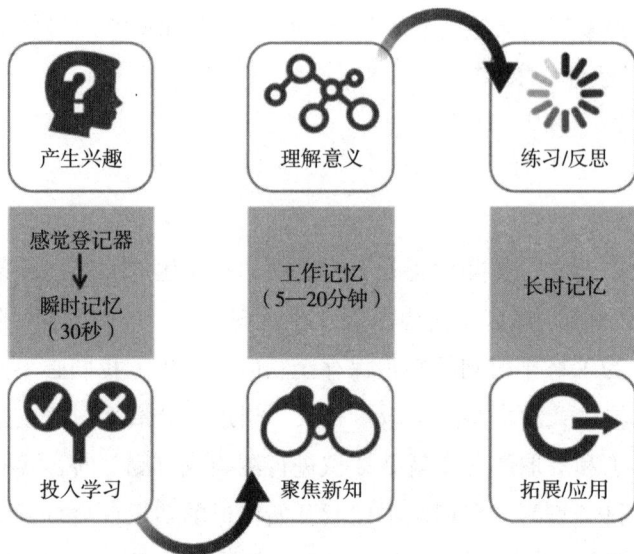

图 1.1　学习的阶段

学习阶段

如前所述，学习模式中每一阶段的标签名称反映的不是你作为教师在做些什么，而是学生在学习时脑子里发生的事情。尽管这看起来像是一种轻微的心理和语义转变，但它对我们如何计划课程，以及如何反思和回应学生的成功和努力具有深远意义，这就是专业主义的精髓——能够应用专业知识来诊断和解决问题。

表 1.2　学习阶段和课堂工具箱

信息加工	学习阶段	指导性问题	设计原则（学习科学）	教师如何指导学习	课堂工具箱
感觉登记器中的刺激物引起了我们的注意	产生兴趣	学生为什么要关心	情感效价。我们的大脑对各种刺激物有一个"先后顺序"；我们会首先关注具有情感效价的刺激物	情感优先	• 让学生看到你的关心。如果学生在感情上感到安全和老师的支持，他们就越有可能去学习。 • 将学习与积极情绪联系起来。帮助学生将积极的情绪与学习联系起来，例如快乐、自豪、渴望和热情

续表

信息加工	学习阶段	指导性问题	设计原则（学习科学）	教师如何指导学习	课堂工具箱
感觉登记器中的刺激物引起了我们的注意	产生兴趣	什么会激发学生的兴趣	好奇心。 在情感上接受了刺激物之后，下一步，我们的大脑就会关注新的刺激物——意想不到的、不完整的、有争议的、神秘的东西或我们的知识缺口	激发好奇心	• 激发好奇心。使用神秘、悬念或认知冲突来吸引和保持学生的兴趣。 • 激活原有知识并揭示知识缺口。通过帮助学生回顾背景知识并发现自身的知识缺口，让他们为学习做好准备。 • 安排学习论辩。让学生参与辩论，而辩论的内容在认知并（视情况而定）在情感上对他们而言具有挑战性。 • 切换一下。为学习注入新鲜感和意想不到的东西，以吸引学生的注意力
判断这些刺激物是否值得进一步关注	投入学习	学生会发现学习有什么意义	意义和目的。 我们的边缘（情感）系统比我们的前额叶（逻辑）皮层更强大，因此，我们必须"感受到"喜欢学习	阐明原因	• 给出WIIFM（这对我有什么好处？）。学生必须明白为什么要学习某些重要知识。他们在以后的生活中将如何运用这些知识？人们在现实世界中又如何运用这些知识？ • 围绕大概念/问题构建学习框架。学生必须明白这些知识最终所服务的大图景，并因此使用大概念/基本问题来指导自己的学习
		什么东西可以激发学生的学习积极性？什么东西可以将他们与学习联系起来	把学习与个人兴趣及目标联系起来。 将学习与我们自己的生活联系起来，可以激发学习积极性并深化学习。当学生设定了个人学习目标后，他们会更有动力去学习——并在以后回顾已学到的知识	设定学习目标	• 提供学习目标和成功标准。以适合吸收的知识组块，帮助学生了解我们期望他们学习的知识——他们将要投入学习的是什么知识。 • 向学生展示掌握知识的方法。帮助学生明白如何才能达到成功的标准，提供显而易见、可行且易懂的成功方法，将有助于学生实现目标。 • 鼓励设定个人学习目标。确保目标以掌握为导向，而非以成绩为导向。 • 帮助学生付出努力。通过跟踪学生的努力情况、预测障碍并思考如何克服障碍，帮助学生建立内部控制点
当新知识和技能停留在工作记忆中时，我们就会专注	聚焦新知	我需要向学生展示和讲述什么呢？我要如何帮助学生把关键概念形象化	视觉学习。 当信息以口头和视觉形式呈现时，我们的大脑会更有效地处理信息	支持视觉学习	• 使用非语言表达形式。我们大多数人都是视觉学习者，因此视觉辅助工具（照片、图表、模型）有助于学习，尤其是由学生来创造这些工具的时候。 • 示例和讲解。用具体的例子说明抽象的想法，从具体的例子中提取抽象的模式 都会有助于学习。 • 通过直接教学，示范掌握知识的步骤。向学生展示新方法的步骤，让学生明白如何才算掌握知识（在"我来试一下"阶段）

续表

信息加工	学习阶段	指导性问题	设计原则（学习科学）	教师如何指导学习	课堂工具箱
当新知识和技能停留在工作记忆中时，我们就会专注	聚焦新知	我想让学生思考什么	积极接触。将知识保留在工作记忆中的唯一方法就是对它进行思考——积极接触新知识或者新技能	开展深度学习	• 将已经解决的问题和学生需要解决的问题交替进行。将样例编排到学生自己的练习中，可以推动学生对新知识的加工（"我们一起做"阶段）。 • 教会学生自我提问和仔细阅读。向学生展示如何在学习的同时进行自测，可以提高学生对知识的理解和记忆。 • 让学生积极做笔记。（动手）写下东西以及画图可以加强记忆。指导性笔记（填空）也很有效
当新知识停留在工作记忆中时，我们开始将其聚类并将其与原有知识联系起来	理解意义	我将如何把知识分成小块并帮助学生处理信息	停一下和想一下。工作记忆每次可以保留的信息量是有限的（7±2项），在记忆暂停工作之前能够保持工作状态和需要对知识进行处理的时间也是有限的（5—20分钟）	提供处理时间	• 把知识"分成"多个部分，帮助学生进行信息加工。在学习过程中，我们必须周期性地停一下，让学生有时间建立神经连接。 • 提出探索性问题。高阶问题会促使学生思考学习的知识，应用这些知识并将其点点滴滴与新知识联系起来。 • 在提问后给学生提供等待时间。在提出问题和学生作出回答后暂停，可以让更多学生参与到对知识的思考和课堂对话中来。 • 利用小组合作来帮助学生进行知识处理。有效的合作学习策略（例如互惠教学、课堂对话）可以帮助学生进行知识处理
		学生需要通过这次学习建立哪些主题、分类、顺序或与原有知识的联系	分类和聚类。记忆是以神经网络的形式，即把各个概念连接起来的复杂网络的形式，在大脑中形成的；简而言之，我们是通过将新知识与原有知识联系起来的方式来进行学习的	帮助学生对知识进行分类	• 帮助学生识别异同。学习的核心是将新概念与旧概念联系起来，因此比较和分类新知识，对理解知识至关重要。 • 请学生总结所学知识。当学生将所学知识综合并转述为用自己的语言表达的大概念、指导性原理和关键概念时，他们会更有可能吸收和记住所学知识

续表

信息加工	学习阶段	指导性问题	设计原则（学习科学）	教师如何指导学习	课堂工具箱
重复和提取能够帮助我们把新知识保存到长时记忆中	练习与反思	学生必须将哪些知识和技能牢记并自动化	间隔练习和交替练习。当进行练习间隔并能够反映"合意难度"时，新知识才会更有可能被吸收和记住	设计并指导深度练习	• 观察并指导初步练习。在学生最初努力尝试应用知识或技能时提供指导，可确保他们正确学会程序并避免产生错误观念。 • 检查理解情况。抓住知识缺口不放过，以免变成坏习惯或错误观念。 • 提供形成性反馈。在学生学习时向他们提供非评价性的描述性反馈，帮助他们反思所学知识并确定接下来要怎么做才能掌握知识
		我应该提供哪些反馈来指导深度学习	反思知识或技能方面的缺口。重复能够为知识添加新的联系以及"减少差异"，从而加强存储和提取	帮助学生反思知识	• 交替和间隔安排独立练习。练习不同的技能和间隔进行练习环节有助于更好地回想起知识。 • 支持频繁的提取练习。努力回想知识，会建立提取通路，因此不打分的测验和其他测试方法，可以让学生更好地吸收和记住新知识。 • 教学生如何练习。向学生展示如何针对尚未掌握的知识和技能进行交替和分布式练习
以新颖、有意义的方式应用新知识，有助于提取知识	拓展与应用	我会要求学生用所学知识做些什么	迁移与应用。记忆存储和提取是两种不同的功能；当我们将学习到的知识转移到新的应用方式时，我们就可以更好地提取这些知识，而当我们展示思考过程时，我们就会更善于迁移知识	帮助学生运用所学的知识来应对新挑战	• 提供具有挑战性的学习任务。通过让学生参与具有挑战性的工作，确保他们对所学的知识进行思考，从而帮助学生发展更深入的知识。 • 支持探究式学习。让学生有机会通过调查、分析和归纳来钻研核心问题；没有这些机会，所学知识很快就会淡化。 • 展示思考过程。解决问题时把思考过程讲述出来，并说明推理方法，有助于学生将所学知识迁移到新的情境
		我（和学生）如何知道他们已经掌握了所学的知识	为批判性思维建立心智模式。融合了陈述性知识和程序性知识的心智模式，对于深度学习和批判性思维技能至关重要。评估过程应该让学生参与运用心智模式及展示批判性思维	帮助学生建立心智模式并展示深度学习	• 教给学生批判性思维。思考与所学知识有关的评价性问题，有助于学生更深入地对所学知识进行编码。 • 通过写作提高学生的思维能力。在所有学科领域，进行与所学知识有关的写作，有助于深度学习、创建心智模式、产生意义以及将所学知识迁移到新的情境。 • 在表现评价中巩固知识。课堂评估通常仅评估陈述性知识。表现评价在通过选择权激励学生的同时，要求学生展示陈述性和程序性知识

考虑到有些读者，尤其是那些熟悉《有效的课堂教学》一书的读者，可能想知道该书中基于研究的教学策略如何映射到这些学习阶段。表1.3给出了其中的关联，将《有效的课堂教学》中的26种策略，与本书中提供的学习模式中的6个阶段匹配。你可能会注意到，某些策略（例如问题）与模式的多个阶段是相符的，这是因为，当我们巧妙地应用它们时，它们在促进学习方面发挥着不同的作用。

表1.3　将《有效的课堂教学》（CITW）映射至学习阶段

学习阶段	教师支持	CITW策略
产生兴趣	· 激发兴趣 · 激活原有知识	· 提示 · 提前组织者 · 问题
投入学习	帮助学生设定目标	· 设定目标 · 加强努力 · 提供认可
聚焦新知	提供资料	· 图片和象形文字 · 心理意象 · 做笔记 · 图示组织者 · 示范和操作 · 身体动作
理解意义	支持进行更深入的处理	· 比较 · 问题 · 分类 · 合作学习 · 总结
练习与反思	支持反思性练习	· 布置作业 · 提供练习 · 提供反馈 · 加强努力
拓展与应用	支持深度学习和应用	· 问题 · 解决问题 · 实验探究 · 系统分析 · 调研

正如你很快就会发现的那样，这6个阶段还基于一种假设，即内在动机，而不是外部惩罚和奖励，是深入学习的真正关键。因为所有的学习（洗脑或潜意识广告可能除外）都需要学习者自愿参与该过程。虽然我们可以采用引导、激发、劝说、监督等方式，但我们无法强迫任何人学习任何东西。只有当学习者决定（或终于同

意）学习某些东西时，学习才会发生。

事实上，我们在生活中学到的大部分有意义的东西——无论是母语、爱好，还是最喜欢的歌曲的歌词——之所以能学会，是因为我们看到了学习的价值，并且经常从中体验到快乐。考虑到这一点，贯穿 6 个学习阶段的一个关键思想是：求知欲——对探索、回答问题和遇到新体验的渴望——是学习的最佳伴侣。

我们将以这一思想开启下一章——好奇心如何激发学习——并反复审视这一思想，向你展示如何为学生设计学习体验，挖掘他们内心深处与生俱来的学习欲望。这样做，你能够为学生创造学习体验，挖掘并释放他们的好奇心，使学生的整个学习过程更轻松、更快乐。

第二章
产生兴趣

据媒体报道，从布鲁克林到旧金山，时髦的都市人群中流行着这样一种趋势——什么都不做，放空自己——（大脑）在感官剥夺室里待 1 小时或更长时间。当下，无论是在餐厅、电梯和飞机座椅靠背上，不断鸣叫的智能手机、无尽的媒体信息以及无处不在的屏幕，一直索要着我们的注意力，很多人因此而感觉受到了感官超载。对他们来说，最好的喘息方式是（让大脑）待在一个"盐水箱"中，让自己沉浸在完全的寂静和黑暗中。

正如内森·海勒（Nathan Heller，2017）在《时尚》杂志上分享的那样，这种体验——在温暖的盐水里漂浮在黑暗中，清空自己的感觉、听觉和视觉——起初会让人迷惑，他的"头脑开始表现得像个笨蛋演员在一个空荡荡的剧院里"戏剧性地不断循环进行着各种观察和焦虑。但平静下来后，海勒生动地回忆起了早期童年的经历，比如他的祖父母用冰块制作桃胶。这次体验让海勒感到神清气爽，整个经历"实现了我一直希望做的事情：我找到了一种重现自己内心感受的方法"。

然而，对于有些人来说，在盐水箱中的感官剥夺可能会是一场噩梦般的经历。例如，艾莉森·戴维斯（Allison Davis，2015）发现这种体验（简直）就像是在撕裂的伤口上撒盐，让她感到恶心，以致她认为自己可能快死了，同时产生了一种自己可能患上了败血症的恐惧感（即使她同时一直在想："什么是败血症？"）。她的大脑从这些感觉中解脱出来后，就开始在"死亡—呕吐—恐慌—什么是败血症"的杂乱想法中头晕目眩。

感官超载时代下的生活与学习

这些经历表明，我们的大脑已经多么习惯于受到感官输入的轰炸。据报道，我们的感官每秒会向我们的大脑传递 1100 万比特的信息，而大脑每秒最多只能处理大约 120 比特的信息（Levitin，2015）。例如，要理解某个人对我们说的话，我们的大脑每秒必须处理大约 60 比特的信息，这就解释了一个人为什么很难同时听两个人说话（更不可能同时听 3 个人说话）；我们根本无法将 180 比特信息塞进 120 比特大小的精神管道中（Levitin，2015）。

然而，现代生活迫使我们的大脑在大部分醒着的时间里以接近最大的信息加工能力运作。根据南加州大学研究人员的一项如今可能被低估了的数据（Hilbert，Lopez，2011），人们每天会收到相当于 174 份报纸（每份 85 页）的信息量——这比 20 年前增加了 5 倍。所有这些信息的处理和过滤都需要我们付出代价，因为我们的大脑需要大量的葡萄糖和氧气才能运作。因此，大脑会和我们身体的任何其他部位一样，变得疲倦不堪。尤其当它们负担过重时，甚至"难以区分琐碎和重要的事情"（Levitin，2015，n.p.）。

认知科学家兼作家丹尼尔·戈尔曼（Daniel Goleman，2013）观察到，这一困难对于新一代学生来说尤其如此："今天的孩子在成长过程中面临的是一个全新的现实世界——与人类历史上的任何时候相比，他们更习惯于使用机器，与人相处时却不太合拍。"（第 6 页）他认为这种趋势"出于多种原因令人不安"（第 6 页），包括它似乎损害了许多学生的注意力。正如一位老师告诉戈尔曼的那样，"如果学生的注意力被魔兽世界所吸引，你很难把他们的注意力引回到学习逗号的规则上来"（第 7 页）。

当然，学习不是通过渗透发生的。学生如果要学些什么，他们首先要注意到这些东西。这意味着当今的教师必须越来越善于在足够长的时间内吸引并保持学生的兴趣，以将他们经常超负荷的注意力吸引到更安静的学习过程中。

情绪混乱对注意力的影响

除了吸引和保持学生的注意力，我们还必须设计能够反映我们的大脑在感官剥夺箱中所暴露无遗的真实的学习体验；也就是说，我们的大脑很少是安静的，而是一直在不断翻腾着各种想法、话语、记忆和情感的——这些通常被称为我们的"意识流"。在感官剥夺箱的黑暗寂静中，通常很显然，除了处理外部刺激，我们的大脑会花费大量的精力来沉思先前的经验，尤其是那些与强烈情绪有关的经验，这对某些人来说是痛苦的。

这就是为什么在进入感官剥夺室之前，其使用者经常会被劝说要先清除心里的负面情绪和焦虑，因为当我们的大脑没有其他东西（或至少没有外部刺激）需要处理时，这两种感受都会增强。这一现象揭示了另一个基本事实：我们不仅会关注感觉登记器中的外部刺激，而且会关注已经存在于我们的情绪、经验和意识流中的内部刺激。

对许多学生，尤其是那些正在经历（通常是由于不良童年经历所造成的）长期压力的学生来说，这些内部刺激可能对课堂注意力构成特别的挑战。例如，在对美国约 100000 名学生的数据进行调查（Bethell，Newacheck，Hawes，Halfon，2014）后发现，17 岁以下学生中有 48% 的人至少经历过一次不良童年经历（包括接触暴力；情感、身体或性虐待；剥夺、忽视或社会歧视；家庭不和或离婚；父母滥用药物、心理健康问题、死亡或监禁），有 22.6% 的人经历了不止一次的不良童年经历。神经科学研究发现，有创伤后压力的人，包括经历过一次或多次不良童年经历的儿童，海马体会较小——而海马体是大脑中负责将短时记忆转换为长时记忆的区域（Bremner，2006）。此外，研究发现，患有创伤后应激障碍（PTSD）的人，杏仁核的活动会增加，这会触发战斗或逃跑反应，而内侧前额叶皮层的活动会减少，有助于减轻焦虑。

换句话说，经历过强烈的心理困扰会使学生处于持续的高度戒备状态，使他们难以集中注意力。这似乎也是导致陈述性记忆缺陷的原因——当然，这正是大多数学科学习的情况。因此，有不良童年经历的学生可能会显得烦躁或注意力不集中，或者难以在课堂上吸收并记住新知识（Streeck-Fischer，van der Kolk，2000）。

大脑处理刺激的"先后顺序"

对教师来说，从上述研究中可以得出一个关键结论，那就是要使学习发生，新的知识首先必须穿过学生感觉登记器中的混杂信息，以及他们带到课堂上不断翻腾的各种内部情绪、念头和想法。老师如何才能做到这一点呢？不妨从这样开始做起，思考一下如何让学生的大脑将每秒流入的数百万比特的信息量，过滤到让他们觉得值得关注的像针孔般微小的每秒 120 比特左右的信息。一般来说，过滤过程会反映以下先后顺序：

● **情感效价**。我们的大脑往往会首先关注能激发强烈情绪的刺激——那些让人非常愉快／有吸引力或非常不愉快／没有吸引力的刺激。对我们个人健康和安全的威胁则高居榜首。这似乎很自然。毕竟，如果我们的祖先不能迅速注意到威胁的存在，例如在草丛中盘绕并随着准备发动攻击的蛇，那么我们这个物种可能都已经灭绝了。关注吸引人的刺激也是有道理的，例如专注于寻找食物、干燥的住所和潜在的配偶，有很多其他明显的生存和进化好处。

● **新奇**。我们的大脑往往也会关注我们环境中新的（和动态的）物体、人以及想法（并且忽略那些陈旧的或静态的东西）。我们的感官会被奇怪的景象、声音和气味吸引，就像我们会留意到身后画笔的沙沙声一样。基本上，我们的大脑很快就会忽略那些熟悉的刺激（比如我们之前经过很多次的一棵树），因为它对帮助我们关注环境中的重要变化没有什么影响（例如，嘿，那棵树上有一个成熟的杧果，之前还没有呢）。

● **好奇心**。在经历情感和新奇刺激之后，大脑接下来会被令人困惑的刺激所吸引——难题、谜团，以及环境中让我们感到惊奇或与我们的预期矛盾的事物（例如，我们旁边山洞里的那个家庭生火了。他们是怎么做到的？）。正如认知科学家约翰·麦迪纳（John Medina，2008）指出的那样，好奇心在我们所有人中根深蒂固，甚至在非常年幼的孩子身上也很明显。他们表现出探索环境的本能渴望，从一个房间爬到另一个房间，把东西放进嘴里，这就令我们需要让家里能够确保"婴儿安全"，有时还要冲洗狗狗的咀嚼玩具，这样才可以把它还给狗狗。

产生兴趣：课堂工具箱

通过理解并利用学生的大脑施用于其感觉登记器的先后顺序，教师可以帮助学生，即使是那些感官超载或情绪烦乱的学生，对学习产生兴趣。以下是一些可以融入学习体验的关键策略。如前所述，你应该将这些策略视为一个工具箱，不一定要将每种策略都应用到每个单元或课程。相反，你应该将它们视为培养学生对所学内容的兴趣的首选策略。

向他们表达你的关心

也许这项研究所发现的最重要的一个结论是，为了学习，学生必须感到身心安全。如果学生满脑子都在想着自己的健康和安全，大脑将很难（即使并非不可能）

让其他刺激（例如你讲解的有关气象学或化学反应的精彩内容）进入他们的感觉登记器。那些在家里或在学校要处理创伤性情况（家庭暴力、无家可归、贫困或欺凌）的学生，很难将这些事件搁置一旁并专心学习你所讲授的知识，这是可以理解的。

《优质教学的 12 个试金石》（Goodwin，Hubbell，2013）一书指出，许多学生生活在有目的性的成人和人际互动的"沙漠"里，因此我们把那些让学生感到安全的环境称之为"安全和尊重的绿洲"。作为教师，我们的工作就是要让学生放心，无论他们的生活正在发生什么，在教室（由我们掌管的地方）里，他们都会感受到善意和尊重。

很多研究其实都证实了创造这样的环境所带来的影响力。例如，对 119 项研究（其中包含 30 多万名学生的数据）的元分析发现，教师的共情和热情不仅与学生的表现和动力相关，而且与学生更高的成绩水平相关（Cornelius-White，2007）。其他研究发现，与老师建立了积极关系的幼儿，更有可能在未来的学习中有更好的表现并取得更高的成绩（Hamre，Pianta，2001）。尤其对可能遭受伤害的学生来说，教师提供的情感支持比一些教学实践对学生的成功来得更重要（Hamre，Pianta，2005）。

高年级学生也会在能够提供情感和心理安全的课堂中受益。例如，对中学生而言，如果老师表现出对学生个体的关心，那么他们参与学校教育的可能性是其他人的 3 倍；如果教师提供的情感支持水平较低，那么他们脱离学校教育的可能性比其他人要高出 68%（Klem，Connell，2004）。

鉴于我们对大脑感觉登记器的了解，这些发现并不令人惊讶。如果学生的头脑中充斥着不愉快的情绪和记忆，使他们无法专注于眼前的知识，那么学习过程就不太可能开始。我们如何才能向学生表明我们关心他们，并且会为他们提供情感安全呢？以下是一些需要牢记的指导原则。

● **提供积极性支持**。回想一下，我们的大脑最容易记录充满积极情绪的刺激。这意味着如果你的课堂是一个积极的地方，充满欢乐、乐观和对学生的真诚关怀，学生就更容易打开感觉登记器。这里有一个小证据：一项针对 104 名大学生进行的研究（Frederickson，Branigan，2005）发现，相较于观看能引发负面情绪（例如愤怒或焦虑）的电影而言，当学生观看能引发积极情绪（如温柔或乐观）的电影时，他们普遍会对新的知识、思考和努力表现出更高的关注度和更大的开放度。

● **做一个温暖的要求者**。多年前，朱迪思·克莱因菲尔德（Judith Kleinfeld，1972）发现，有一群积极主动的教师在与学生（众多阿拉斯加原住民）建立牢固、积极的关系的同时，对学生的学习情况也保持着很高的期望，与其他教师相比，他们培养的学生明显拥有更高的成功水平。

● **灵动在场**。教师需要在课堂上积极主动、精力充沛。有影响力的教师与其他教师的一个关键区别，是雅各布·库宁（Jacob Kounin，1970）在他多年前创造的一个术语中很好地捕捉到的一点——明察秋毫（withitness）——指的是教师有能力让自己的注意力填满教室，犹如"脑袋后面长了眼睛"，并随时知道教室里面每一处角落所发生的情况。"明察秋毫"所提供的情感安全，不是通过批评错误行为，而是通过奖励积极行为并重新调整学生之间潜在的负面互动，从而让每个人都感到安全。

● **达成善意和尊重的共同协议**。研究表明，积极的同伴压力通常是创造安全和支持性课堂环境的最佳手段（Smith，Fowler，1984）。因此，创造一个和平、支持性课堂环境的最好方法，就是让学生一起参与到"为积极的课堂行为（例如，'我们轮流''我们主动倾听'）制定规则"中来。

根据心理学家亚伯拉罕·马斯洛（Abraham Maslow，1954）的说法，这里的重点是，我们早就知道，学习在人类的需求列表中是很重要的。这意味着，我们必须首先让学生感到安全和被接受，他们才会学习。作为教师，如果我们直接投入教学并跳过学生的这些基本人类需求，那些感到不安全或不自信的学生就不太可能学习。

亲身体验：2×10

如果你很难与学生建立联系，你们可以商定每天会面两分钟并谈论学生想谈的任何事情，持续10天。这些对话必须是无条件的；也就是说，它们不属于惩罚或奖励（也不会在学生有不良行为时予以取消）。借此机会，你可以让学生知道你对他们的关心，从而与学生建立更牢固的关系（Curwin et al.，2018）。

将学习与积极情绪相关联

脑科学研究表明：我们往往会更加关注具有情感效价的刺激，而且较为原始的边缘大脑区域（这里是情绪和对环境的潜意识反应的家园）比较为复杂的前额叶皮层（这里是逻辑和有意识的思考的家园）要强大得多。社会心理学家和研究员乔纳森·海特（Johnathan Haidt，2006）用大象和骑手的比喻，来描述大脑中这些部分是如何相互影响的。逻辑和意识总觉得自己才是负责掌管大脑的，但其实它只是骑在情绪和潜意识、反射性反应这头大象上的一个骑手。有时候，骑手控制着这头大象，但在大多数情况下，大象几乎只是去它自己想去的那些地方——骑手随后会为这些行动和感受提供合理的解释。这给我们的启发是，我们必须感到想做某件事情，我们才会去做这件事，包括学习。

事实上，研究发现，我们更容易回想起与积极情绪相关的知识学习，这些情绪似乎还可以吸引我们在以后回想起已经学习过的知识（Isen, Daubman, Nowicki, 1987; Isen, Shalker, Clark, Karp, 1978）。一项针对大学生进行的小型随机对照试验（Um, Plass, Hayward, Homer, 2012）提供了一个很好的例子。一组学生上了一节"免疫如何运作"的平淡的黑白版本课，并在各个知识部分之间朗读中性（无聊）的陈述（例如，"1小时有60分钟""人们在秋天收获苹果"）。另一组学生则上了带有可爱动画角色的全彩色版本课，并大声朗读着积极陈述（如"没有比这更好的了！"和"活着真好！"等）。研究人员得出结论，积极情绪组的学生更专注于学习，觉得材料更容易理解，并且在后续测试中表现得更好。

我们从研究（Dean et al., 2012）中了解到，可以采用的两种最有效的教学策略是：① 为学生提供线索——在上课开始时提供有关学习内容的提示，将学生已知道的知识和他们将要学习的知识联系起来；② 先行组织者准备资料——故事、图片和其他介绍性材料，以帮助学生专注于新的知识。在课堂上，你可以通过为各门课程和各单元提供能激发积极情绪（例如，喜悦、希望、惊奇、灵感、热情、同情、满足、喜爱）线索和先行组织者，将这些点联系起来。以下是一些例子。

● 你有没有做过一些需要刹那间"疯狂的勇气"才能做出来，但之后却让你感到自豪的事情？如高台跳水或与名人交谈等。今天，我们将了解一个人，他就以这种"疯狂的勇气"改变了我们的社会：在公共汽车上坐前排座位。

● 上周，我们通过设计两位数乘法题，向大脑提出了真正的挑战。之后，我知道你们都为向我展示自己可以做一些难题而感到自豪。因为你们都做得很好，所以我认为你们可以迎接更大的挑战——这就像在电子游戏的最后部分，与"大魔头"决斗。那么你准备好迎接极具挑战性的数学题了吗？

● 我想你们每个人心里都对某个人情有独钟——这个人也许是朋友、家人或与你共事的人，而你在他们身上看到了一些别人看不到的东西。伟大的作家也会做这样的事情。他们经常会塑造一些有缺点或不完美的角色，但他们依然对这些角色怀有深厚的感情，而且他们希望读者也能看到这些角色身上的善良。

我不会马上告诉你他是谁，但你会在约翰·斯坦贝克（John Steinbeck）的《人鼠之间》（*Mice and Men*）这本书中找到这样的角色。

值得注意的是，并非所有的学习都必须（或可以）与情绪相关联，特别是这样做会分散注意力的时候。例如，研究发现，在课文中添加有趣但最终不重要的元素会妨碍学生学习课文要点的能力（Moreno，Mayer，2000）。最终标准为：当情感诱导物非常适合你希望学生学习的内容时，请不要犹豫。

激发好奇心

作为一名教师，很容易陷入一种"就事论事"的教学模式——为了效率而以直截了当的方式介绍内容。然而，当我们只是平淡地与学生分享信息或概念，却没有帮助他们对此产生兴趣时，我们就会剥夺他们发现新事物时的奇妙感觉，毕竟这种感觉才是学习的关键。吸引学生兴趣特别有效的方法之一，就是利用他们天生的好奇心。几十年来的研究（Loewenstein，1994）发现并测试了如下几个引起好奇心的条件——你可以在课堂上创造这些条件，用以吸引学生的兴趣。

神秘感。通常，当我们知道有人知道一些我们不知道的事情时，就会激发我们的好奇心。我们也可以称之为"我有一个秘密"现象。例如，一个朋友告诉你她给你买了一件礼物，但直到你生日的时候才会告诉你那是什么礼物；或者听到坐在你旁边的人在读杂志时发出轻笑声，很可能就会激起你的好奇心。多年前，亚利桑那州立大学的心理学家罗伯特·西奥迪尼（Robert Cialdini，2005）写了一篇题为《吸引学生兴趣的秘诀是什么？提示：答案就在标题中》的文章。文中他分享了如何仔细查看数十篇科学文章，以弄清楚如何使复杂的内容让学生觉得更有趣。他发现，最好的科学作家会避开典型的、让人打哈欠的开场白。"在这篇文章中，我将提出支持我的 XYZ 理论的论据"，而是会提出问题，例如"土星的光环是由什么构成的呢？岩石还是冰？"在整篇文章中，他们会在最终解开谜团之前，就他们的话题制造悬念——那些支持岩石和冰的论点（在这个例子中，答案是两者都有）。

认知冲突。当我们遇到不符合我们期望的事情时，好奇心也会出现。例如，想一下，当你得知（或曾经得知），从寒冷的山顶吹到下面山谷的风是温暖的而不是寒冷的；或者为超市购物者提供五六种，而不是几十种果酱选择，会促使他们购买更多的果酱时，可能会激发你的好奇心。在这两种情况下，你可能会发现自己想知道"这是为什么呢？"

有一项小型研究，通过让学生小组学习热传递（热量通过传导、对流或辐射进行传递）这一物理学概念，对上述观点进行了检验（Baser，2006）。第一组学生以"常规"方式学习了这个概念：由老师讲授概念，提供一个热传递方程式，向学生展示如何用这个方程解决问题，并回答了一些问题。而第二组学生则经历了认知冲突：老师向学生询问，他们认为，桌子的金属腿或桌子上乙烯基塑料垫子，哪个更暖和。大多数学生都认为是乙烯基塑料更暖和，直到温度计显示两者的温度是一样的，尽管金属摸起来感觉更凉。课堂的剩余时间则侧重于学生提出的与该主题有关的问题（例如，"我们的感觉让我们感受到了一些东西，而我们知道它可能不是温度。那么我们感受到的东西是什么呢？"）。之后的测试显示，第二组认知冲突的学生，比第一组的学生对热传递概念的理解明显更好。

悬念。我们还会着迷于一些不完整的序列（如"1，2，3，5，8 —— 接下来应该是什么数字呢？"）和未完的故事（例如，插播商业广告之前扣人心弦的情节）。谜语和谜题也属于这一类东西。然而，重要的是，要注意心理学家所说的"参照点"现象——好奇心取决于原有知识（Loewenstein，1994，第87页）。我们必须先对某个主题有所了解，才会对之产生好奇。这一现象解释了为什么与非洲薮猫的夜间习性相比，你很可能会对家猫的夜间习性更感兴趣。这也解释了为什么当我们看到知识缺口越来越小时，我们往往会对某个主题更感兴趣。例如，与看完一部悬疑小说的前5页时相比，要我们在看到最后5页时放下这部小说就会显得困难许多。以下是你可以在课堂上使用的几个悬念示例。

- 我们已经看到，拉尔夫和杰克有着截然不同的个性。他们都是领导者，但他们之间也存在着一些紧张的关系。现在孩子们单独在岛上，你认为会发生些什么呢？
- 我们知道将小苏打和醋混合会产生二氧化碳。当我们将这种混合物放在点燃的蜡烛附近时，你认为会发生什么？
- 我们已经看到了20世纪初在整个欧洲形成的复杂联盟。如果某一个国家的领导人被暗杀了，你认为这些国家会如何反应？

猜测和接收反馈。"参照点"现象的另一面，是意识到我们的知识缺口——克服一种我们或许可以称为"乐观无忧"综合征的情况，在这种综合征中，与我们实际了解的情况相比，我们会以为自己已经有了更多的了解。研究表明，接收"准确度反馈"——进行猜测并知道我们猜错了，是克服这种综合征并解决我们的信息缺口的一种方法。例如，在某一项实验（Loewenstein，1994）中，研究人员发现，在实验对象有机会猜测美国最西端的州是哪个州（并收到反馈）之后，他们会更有兴趣了解这个国家最西端的州（即阿拉斯加州，结果是，这个州跨越了国际日期变更线，使其成了美国最西端和最东端的州）。

激活原有知识并揭示知识缺口

学习科学中有一个相当简单的关键概念——"所有新的学习都需要以原有知识为基础"（Brown et al.，2014，第5页）。一般来说你很难（即使并非不可能）去学习一些你原本一无所知的东西。这就是为什么，大学会要求学生在修读高级课程之前先修读先修课程。这也是为什么，有效的教学策略之一，就是帮助学生回想起他们的原有知识，并在构建新知识的时候在彼此之间建立联系（Bransford，Johnson，1972）。

例如，有一项针对六年级和七年级学生而进行的科学研究，要求一半的学生进行"质疑问难"（elaborative interrogation，即利用原有知识来解释，为什么某个特定的科学事实可能是真的），同时阅读几条与科学事实有关的陈述；同时，要求另一半的学生仔细"阅读陈述进行理解"。后来，研究人员发现，那些在阅读陈述时有意识地通过"质疑问难"激活原有知识的学生，在随后进行陈述测试时，明显能够更好地回想起陈述内容——整整6个月后仍能保留的内容（Woloshyn，Paivio，Pressley，1994）。

这个概念表明，作为一名教师，你可以做的非常重要的事情之一，就是邀请学生就他们将要学习的某个主题，分享、回忆或集体讨论自己已经知道的相关知识——这样做可以让大脑为学习做好准备。接下来，你可以帮助学生认识到，自己对某个主题还有哪些尚未了解的知识，借此激发他们的好奇心。这是因为，所有好奇心的核心是意识到——然后想要弥合——我们的知识缺口。大脑一般总是会讨厌知识缺口并想要弥合它们。然而，如果我们察觉到某个知识缺口太大而无法弥补，那么可能就会退避三舍——有一项针对400名初中、高中和大学生而进行的研究发现（Gentry，2002）：那些据说在学期初时自身已知道的知识和想知道的知识之间存在过大差距的学生，更容易在学期末时出现习得性无助和学习成绩不佳。

以下是一些可以用来激活学生的原有知识，同时帮助他们认识到自身知识中的新缺口的方法——通常是通过使用"你知道这个，但你是否知道那个"句干的变体。

● 你已经了解了詹姆斯敦和普利茅斯湾，但你是否知道，在这两个殖民地尚未出现的多年前，已经有另一个殖民地被建立然后又消失了？

● 你知道大多数诗歌都押韵，但你是否知道，有些诗歌是完全不押韵的呢？或者使用那些有点押韵但实际上并不属于押韵的词？

● 我们已经学会了如何使用二次方程式解决问题，但你是否知道，我们可以使用二次方程式来解决各种现实问题呢？

设置学习论辩

研究人员还发现，争议会引发好奇心（这或许可以解释，为何有线新闻节目中盛行专家之间的对决）。当然，在公立学校高度政治化的环境中，人们倾向于完全避免有争议的话题（例如，进化、气候变化、政治辩论）。然而，关于好奇心的研究表明，我们不应回避或掩盖此类争议中的棘手因素，而应利用实际争议来教导学生。

在一个著名的实验中（Lowry，Johnson，1981），随机分配一些五年级和六年级的学生进行分组学习。其中，一组学生进行与某一特定主题（例如，露天采矿或将狼指定为濒危物种）有关的合作学习；另一组学生则专注于该主题下的争议。处于争议状态的学生对该话题表现出了更多兴趣，他们寻求更多相关信息，并且更有可能放弃休息时间来观看与该主题有关的电影。

你可以通过以下 3 种方式设置学习论辩来激发学生的好奇心。

◇ 确定一个带有不同立场的议题。提出一个问题，鼓励学生深入思考该议题。要求学生对该议题的各种观点进行研究，找出与自身想法最接近的观点，并为其辩护。

◇ 为学生小组指定到有争议的议题或历史争论的不同立场（例如，美国殖民地是否应该宣布独立？我们是否应该禁止使用塑料吸管？）。要求学生小组研究该议题，形成各自的观点（以及用来反驳其他小组观点的论点），并举行一场结构化的课堂辩论。

◇ 让学生从历史、文学、科学、时事或自己的生活中找出一种争议，并从双方观点出发各写一篇议论文——在两篇文章中使用同样的论点标题、支持性细节及有说服力的论据。

交替变化

某个年龄段的读者可能还会记得邓肯甜甜圈（Dunkin Donuts）的那个老电视广告。其中，面包师弗雷德每天早上随着闹钟响起，在黎明前蹒跚走出门时，都会反复地说道："该做甜甜圈了！"事后看来，我不太确定这些广告的重点是什么，但我仍然记得，当我还是一名年轻教师时，我和我的同事还有室友，曾经在早上拼车去学校时开玩笑地嘟囔着那句台词。

我想，弗雷德在烤甜甜圈中找到了乐趣，但有时候，弗雷德或作为教师的我们，很容易陷入一种感觉每天都在做同一件事的枯燥感。如果连我们都有这种感觉，那学生肯定也一样。再者，如果我们的课堂变得刻板乏味，如同例行公事，学生的大脑就很可能会告诉他们，课堂上发生的事情都是无关紧要的——他们的大脑就会对他们说，去那里，做完那些事就行了，其他没必要关注。

学生的大脑更喜欢接纳新奇的刺激。这表明我们也需要不时地作出转变，在上课开始或中途时做一些令人意想不到的事情。例如，在与《蝇王》有关的课堂上，我们可以带来一个海螺壳，并邀请学生互相传递。或者在与"西进运动"有关的课堂上，我们可以要求学生将桌子转向西方；又或者，在解数学题时故意犯一些粗心的错误，看看学生有没有专心学习。

回想一下，人脑是一个惊人的能量密集型器官，所以它很快就会进入断电休眠模式。学生的大脑需要付出努力和大量精力，才能一直专注于学习。事实上，在接收同样的刺激大约10分钟后，它的新鲜感就会开始消退。因此，学生（就此而言，还有成年人）往往在大约10分钟后就会在脑子里退出努力的状态，除非发生了某些事情吸引他们重新投入到手头的学习任务中。正如认知科学家约翰·麦迪纳（John Medina，2008）所说，为了让学生保持对学习的兴趣，我们需要"通过讲述故事或创造情感丰富的事件，来不断把他们吸引回来"（第111页）。

根据道格拉斯·莱莫夫（Douglas Lemov，2010）的建议，想要做到这一点，其中一种方法就是在上课中加入一点"Vegas"或"闪光点"，以保持学生的兴趣。这并不意味着，为了保持兴趣而提供令人眼花缭乱的东西，或脱离学习过程而进行冗长、浪费时间的消遣，而是加入一些与你希望学生学习的内容密切相关的东西。例如，它可以是"用30秒的休息时间来做'动作动词希米舞'"或"一场简短的比赛，看谁能在当天词汇的猜谜游戏中表现最好"（第141页）。

事实上，学习科学表明，当学生能够将所学知识与一些新奇的刺激联系起来时，他们会更容易回忆起这些知识。例如，正如我们将在关于练习和演练新知识的章节中所做的更详细的讨论那样，我们更有可能回忆起的，是我们在许多不同地方，而不只是在一个地方学到的信息。因此，通过在课堂上创造新奇事物，你不仅可以激发学生大脑的注意力，从而引起他们的兴趣，还可以为他们在以后回想所学到的知识提供更多的心理诱导物。

大概念：通过释放学生天生的好奇心来促进学习

作为教育工作者，我们可以从这项关于好奇心的研究中得出的好消息是，虽然我们的大脑通常像个旋转的仓鼠轮子一般，充满着外部刺激和翻腾着的内心思想，但它们仍然渴望探索、解决谜题，并关注我们环境中有趣的刺激。简单来说，人类天生好奇。确实，正如任何一个蹒跚学步的孩子的父母都会告诉你的那样，孩子们充满了疑问——很多很多的疑问——也就是说，他们天生就喜欢学习。

然而，到了上学年龄时，他们的问题越来越少，而且离我们越来越远。例如，研究人员观察到，蹒跚学步的孩子每天会问多达 100 个问题，但到了中学，这个数字几乎减少到零（Bronson，Merryman，2010）——不是因为孩子们自己变得不那么好奇了，而是因为，正如许多研究已经发现的那样，学校和课堂条件往往会使他们失去好奇心（Engel，2015）。

请想一下，前面所列出的产生好奇心的条件与典型的课堂环境有何不同？

◇ 教师是否经常只是简单地努力讲授内容，而不是指出他们所教授的内容，例如世界历史中令人费解的不太合理之处（例如，当小国与大国开战时，小国获胜的情况几乎占 1/3）？

◇ 我们是否经常掩饰历史、经济或科学领域的争议，而不是将其用作吸引学生参与的工具？就像在《春天不是读书天》（*Ferris Bueller's Day Off*）中本·斯坦（Ben Stein）的老师角色一样，我们是否经常只是简单地把拉弗曲线告诉学生，而不是让他们有机会深入研究这个有争议的概念？

◇ 我们是否经常在上课前写下学习目标并指导学生尽职尽责地学习，而不是将我们的课堂，以及学生的学习目标变成他们迫切想要解开的谜团？

不难看出，我们在很多课堂上所做的事情，与我们从关于激发好奇心的研究中了解到的情况，几乎完全背道而驰。因此，当研究人员发现，孩子在学校上学的时间越长，表现出的好奇心就越少时，便不足为奇了。例如，通过一系列课堂观察，苏珊·恩格尔（Susan Engel，2015）发现，幼儿园学生在两小时内平均会表现出 2.36 次好奇心。到五年级，这个以两个小时为限的数字下降到了 0.48 次，这表明许多孩子在学校的一整天里"甚至没有问过一个问题，也没有进行一系列旨在发现新事物的行为"（Engel，2011，第 633 页）。

恩格尔观察到，问题的关键在于，许多教师都因为要把教材讲完而感觉到压力，因此"在每个时间段都有非常具体的目标"，并"付出大量努力想让孩子们完成任务并实现这些目标"（Engel，2011，第 636 页）。结果，他们往往不仅掩饰了好奇心这个学习的重要诱因，而且没有将学生的问题和好奇心视为教育契机，而是将之视为与任务无关的干扰。

释放学生的好奇心需要时间——当面对着外部强制要求给学生讲完知识内容的压力时，许多教师常常感到，时间实在太紧缺。然而，如果我们能够利用学生的好奇心，同时确保学生在情感上感到安全并做好学习的准备，我们就可以创造出能够激发他们好奇心的课堂，并在此过程中使学习变得容易、愉快和高效得多。简而言之，通过花时间帮助学生对他们所学的内容产生兴趣，我们可以加速整个学习进程。

在下一章中，我们将探讨如何帮助学生投入学习，从而充分利用学生对新知识的最初兴趣，并在此过程中让新知识更深入地融进他们的瞬时记忆和工作记忆中。

第三章
投入学习

大部分教师很可能至少会遇到一个如"抱子甘蓝"般虽必要却无趣的课程单元：即课程里面有某一个必要的部分，但他们认为这部分教起来不那么有趣。对我来说（在此先向纳撒尼尔霍桑的粉丝道个歉），《红字》这本书就是如此。我自己的冷淡影响了学生。他们一直在问，为什么一定要读这么无聊的东西。我真是倒霉，还要试图说服他们这是一部重要的文学作品，它提供了关于清教徒对美国文化影响的见解，但我自己的这些解释是有些敷衍的。在内心深处，我讲解这本书的唯一原因，是课程指南让我必须完成这一任务。

事实证明，我那些十四五岁的高中学生，很可能已经进入到很久以前儿童心理学家让·皮亚杰（Jean Piaget, 1972）所描述的形式运思期——学生开始以更加抽象和元认知的方式进行思考，包括他们会问一个非常重要的问题：我为什么必须学习这一内容呢？当教师的回答不能令他们满意时，学生的参与度就会受到影响。

化无聊为投入

高中学生感到无聊当然不是一种新现象，但目前的数据表明，许多（哪怕并非大多数）高中学生都感到无聊透了——尽管值得注意的是，大多数人在刚开启学业的时候并没有这样子。例如，2013 年对 500000 名 5—12 年级的学生进行的盖洛普民意调查发现，大约 4/5 的小学生在学校有"投入感"——对他们的学习专注、好奇且乐观。然而，在 11 年级的学生中，这个数值减少了一半——只有 2/5 的人有"投入感"（Busteed, 2013）。2004 年，当盖洛普做调查，要求青少年从 14 个形容词列表中选择

3 个形容词来形容自己在学校常有的感受时，选择最多的词是"无聊"（有 50% 的学生选择了该词）和"疲倦"（有 42% 的学生选择了该词）。只有 2% 的人表示他们从不感到无聊（Lyons，2004）。

在这个年龄，学校的经历应该让学生接触到科学的奥秘、人类历史的戏剧性、优雅的数学语言和伟大的文学作品，但他们却感到无聊透顶。为什么会这样？

帮助学生找到学习的意义和目的

哈佛大学教授贾尔·梅塔（Jal Mehta）花了数年时间研究学生的学习动力和参与度。他指出，许多学生根本看不到他们正在学习的知识有什么价值。"除了一小部分想要进入最具竞争力大学的孩子，美国教育缺乏强大的外部动力。"他在哈佛大学的《教育杂志》上这样写道（Joasn，2017，第 20 页）。

当然，并非全部所谓的无聊都是坏事。在某些时候，深入学习某些东西需要通过某种形式的重复或专注的努力来推动。例如，音乐家必须学习和弦和音阶，网球运动员必须一桶接一桶地发球，作家必须掌握语法规则。这里想要强调的重点是，如果学生下定决心要掌握一套新的技能或知识，他们不会吝啬，反而会乐于付出重复和专注的努力。

的确，正如心理学家米哈里·契克森米哈赖（Mihaly Csikszentmihalyi）及其同事在一项针对有才华的青少年进行的研究中发现的那样，这些青少年通过专注的勤奋和努力培养了自己的（学术、体育和艺术）才能，他们已经为自己确定了一个更深层次的目标，从而鞭策自己的努力：成为专业音乐家、在体育运动中取得成功或在竞争激烈的大学攻读数学（Csikszentmihalyi，Rathunde，Whalen，1993）。他们已经下定决心要投入学习，因为他们可以从所学的东西中看到自身的价值。

说服大脑"启动"并学习新事物

仔细想想就会发现，在某些时候，如果没有下定决心要学习，我们通常不会学到任何东西。这是因为任何学习都需要一样东西，而认知科学家丹尼尔·卡尼曼（Daniel Kahneman，2011）把这种东西描述为"开动脑筋"。正如卡尼曼所解释的那样，我们的大脑本质上有两个操作系统：一个是思维敏捷的大脑，它只需稍加思考就可以快速自动运行，这通常是因为它采用了已经自动化的原有知识；还有一个是思维迟缓的大脑，它需要专注力，当我们的注意力转移时它就会很容易被打断。

思维迟缓的大脑通常负责掌管整个大脑，但根据卡尼曼的说法，"它的一个主要特征是懒惰，除了绝对必要的努力，它不愿意再投入更多的努力"（第31页）。然而，获得新的知识和技能需要大脑保持专注、处理信息和反思学习，而所有这些心智功能都需要付出巨大的努力和精力。结果就是，大脑不断地想要滑回省力模式，基本上会退避学习和其他需要费力思考的模式。

这意味着，我们必须让大脑相信，努力保持"启动"状态是值得的，因为这样才能进行学习。我们必须告诉大脑我们想要学习一些东西（例如，因为我们发觉它很有趣），需要学习一些东西（例如，因为我们发觉它有用），或者应该学习一些东西（例如，因为它可以帮助别人）。

这种学习的决心会提示大脑关注我们感觉登记器中的某些东西，这样它就可以进入瞬时记忆，并在足够长的时间内保持注意力集中，从而在工作记忆中留下印象。例如，我们决定学习如何打网球上旋球，因为我们相信这会让自己成为一名更好的网球运动员。因而就更有可能把注意力集中在我们的网球教练身上，听她解释如何打出上旋球，并在她示范的整个过程中，尤其是向上挥动球拍让球旋转时仔细加以观察。如果我们缺乏这样的意志力或决心（例如，告诉自己，我觉得打网球是一件愚蠢的事），学习就不太可能发生，因为大脑会径直滑回到省力模式（例如，我会用球拍来假装弹吉他）。

杰里·布洛菲（Jere Brophy，2004）在对学生学习动力研究的综合中，将数十年来对学生参与的研究归结为一个简单的公式：期望 × 效价。也就是说，为了让学生投入到学习中，他们需要一些期望，即他们能够成功掌握（例如，我可以想象到自己击中上旋球的样子）并且还能够看到其结果的价值所在（例如，将球保持在球场上，同时更用力地击球，就会帮我赢得比赛）。如果学生不重视老师要求他们学习的内容，他们往往会表现出沮丧和愤怒，这本身就会造成认知紧张，并将心智能量重新引导到思考自己有多讨厌被强迫学习上面（Brophy，2004）。

平衡内外奖励

作为教师，我们基本上有两种方法来激励学生投身学习：外部奖励（例如，金星、披萨派对、成绩）和内部奖励（例如，利用他们与生俱来的好奇心、求知欲和发现的乐趣）。激励学生的常用策略主要是前者。

正如许多教师一定会发现的那样，这些软硬兼施的方法是有效的，但只是在一定程度上而言。正如埃尔菲·科恩（Alfie Kohn，1999）所观察到的那样，这些方法的最终效果是，随着时间的推移，学生开始将学习视为他们如果想要拿到糖果或去游乐场玩就必须做的事情，而不是他们真正想做的事情。例如，当研究人员给那些画画的小孩子奖励饼干（而在研究之前，孩子们是为了享受快乐而画画）时，之后这些学生就不太容易通过绘画来让自己获得快乐了；这大概是因为，画画在过去是一项有趣的活动，而这些奖励把它变成了一件苦差事——一件用来取悦他人而不是为了自己快乐而做的事情（Deci，Ryan，Koestner，1999）。

因此，如果我们引导学生做他们发觉会让自己有所收获的事情（学习），我们可能就会无意中传递这样的信号，那就是，学习是一件令人不愉快的例行工作；如果我们激励学生的整个系统都是基于外部激励因素——例如成绩单和针对不良行为的额外作业——我们可能会传递出这样的信号，那就是，整个学习计划就是一种需要强撑度过的不愉快事情。

此外，一项针对40年研究的元分析证实，软硬兼施的方法仅能有效激励某些类型任务的某些类型行为（Cerasoli，Nicklin，Ford，2014）。研究发现，外在奖励和内在奖励都能激发人们的行为，但外在奖励对激励人们在较为简单且原本就不那么有趣的任务中的表现来说更为有效，而内在奖励对激励人们在更有吸引力和更为复杂的任务中的表现来说效果更好。

换句话说，如果你想让孩子修剪草坪，外部奖励（比如10美元）大概是最好的激励。但是，如果你希望你的草地按一排排修剪得笔直，四边为手动修剪的，让草坪看起来就像是一个职业联盟棒球场的内场，你可能需要培养孩子的内在动力（例如，对草坪护理的高度赞赏以及向邻居展示的强烈愿望）——或者干脆你自己来做。

考虑到所有这些情况，此处所提供的帮助学生投入学习的指导原则，更倾向于培养内在的学习动机——帮助学生告诉他们的大脑："嘿，注意了，我想要/需要/应该学习这个，因为它很有趣/有用/有益/重要。"

投入学习：课堂工具箱

可以理解的是，这项研究的意义对教师来说可能有点可怕。这意味着把学习目标公布在黑板上，不会自动促使任何学习自行发生。在某些时候，你的学生必须自己决定，是否要对你在他们面前发布的内容进行学习。以下是一些以大脑科学研究为基础的措施，你可以采用这些措施来说服学生投入学习。

提供 WIIFM（这对我有什么好处？）

让我们从一个简单的观察开始：为了让学生投入学习某些知识，他们必须先明白教师为什么要求自己学习这些知识。虽然这听起来合情合理，但在许多课堂里似乎还远非如此。盖洛普对美国五年级和十一年级学生开展的另一项调查发现，尽管分别有 66% 和 59% 的五年级学生表示，他们发觉"学校很重要"以及"学到了一些有趣的东西"，但到了十一年级，分别只有 28% 和 32% 的学生给出了相同的回答（Calderon，2017）。简而言之，绝大多数高中生，以及许多五年级学生都没有看到学校的重要性或学校与他们的相关性。

实际上，2006 年一项对高中辍学情况的调查发现，学生辍学的主要原因是，他们觉得学习完全没有挑战性，或是不明白老师要求他们学习的目的是什么（Bridgeland，DiIulio，Morison，2006）。最重要的是，当被问及如何才能让他们留在学校时，81% 的人说为他们提供贴近现实世界的学习内容。简而言之，很多学生似乎都在问自己一个问题，即麦迪逊大道的广告主管们称为 WIIFM——这对我有什么好处？

根据我们从认知科学中了解到的情况，似乎许多学生的大脑都会很干脆地选择无视课堂上发生的事情，因为大脑认为这些事情不值得他们关注或投入精力。尽管有研究表明，为学生提供学习选择，有助于提升他们的参与度和内在动机（Patall，Cooper，Robinson，2008），但有一项针对数百名中小学生进行的研究发现，与向学生展示他们所学的知识对他们来说是多么重要并与现实生活有何关联相比，仅仅是提供选择，对提升学生参与度的作用较小（Assor，Kaplan，Roth，2002）。如果我们想要让学生投入学习，我们必须向他们展示所学知识与他们的相关性——简而言之，学习对他们有什么意义。以下是一些指导性问题，可以帮助你向学生展示他们所学知识的意义（WIIFM）。

◇我如何才能在自己的生活中应用这些知识或技能？

◇掌握这些知识后，我个人能从中获得些什么？

◇我如何利用这些新学的知识来帮助他人？

◇成年人是如何在现实世界中利用这些知识或技能的？

◇这些知识或技能对我以后的学习有什么重要作用？

以大概念或核心问题勾勒知识框架

回答重大而有意义的问题，通常比回答不太重要且没多大意义的问题更有趣，并且更能激发学生的好奇心。因此，过于简化或支离破碎的教学方法，往往会使学习的吸引力降低——这种教学方法没有向学生阐述，众多课程是如何联系在一起，以探索一个大概念或解决一个更重大的核心问题。如果你还没有这么做的话，你应该在你教给学生的知识中找出一些大概念，或者杰伊·麦克泰格和格兰特·威金斯（McTighe，Wiggins，2013）所说的"核心问题"（essential questions）。这样做可以帮助学生以更有说服力的方式回答 WIIFM 问题。

这里的核心观点是，要设置一些不易回答的开放式问题，或者简言之，具有挑战性的问题。你的问题应该引起学生的深入思考，甚至是辩论。为了探索这些问题，学生必须学习和分析新信息，评估利弊，或根据证据做出个人决定。这些问题需要学生做的不仅仅是记住事实（尽管这可能是过程的一部分），还要深入思考正在学习的知识。以下是一些可以指导学习的大概念或核心问题示例。

◇如果是关于媒体对政治生活的影响的单元，你也许可以问，"大众舆论如何引起社会的积极和消极变化？"

◇如果是关于昆虫学的单元，你也许可以问："哪些昆虫拥有最独特的'超能力'或人类缺乏的特殊能力？"

◇如果是关于罗马历史的单元，你也许可以问："罗马帝国的崩溃在哪些方面是不可避免的，就像所有帝国一样？"

◇如果是关于世界历史的单元，你也许可以问："过去的气候变化，如何引起和加速社会中发生的政治和社会转变？"

◇如果是关于议论文写作的单元，你也许可以问："伟大的作家是如何做到令人信服的？他们是如何提出能够启发、吸引我们并让我们改变主意的论点的？"

随着学生越来越习惯于体验以核心问题为框架的课程和单元，你可能会希望鼓励他们提出自己的问题，以体验追求自己的知识视域的乐趣。

提供学习目标和成功标准

假设学生现在看到了你要求他们学习的知识的价值，那么就会出现一个新的挑战——它反映了布洛菲（Brophy）动机公式（期望 × 效价）的第一个元素。也就是说，学生需要相信他们确实可以学会你要求他们学习的知识，并能预见自己学会这些知识后的样子。如前一章所述，如果学生认为他们的信息缺口是不可逾越的，很可能会变得灰心丧气，漫不经心。因此，将知识分成组块很重要，这样可以更容易地解决一个大概念或核心问题。

还要记住，你想要做的，是帮助学生掌控并投入学习。我们任何人在虚线上签字并承诺任何事情之前，通常想知道自己到底在承诺些什么。同样，如果学生知道你对他们的期望及其原因，他们也将更容易投入学习。这里有两个重要的策略——学习目标和成功标准——对帮助学生投入学习至关重要，因为它们不仅具体地明确了他们学习的目的，而且还阐明了学生应该如何通过发言、执行、制作或写作等来证明自己已经掌握了相关知识，从而让自己的思考和学习形象化。

学习目标通常表达了你希望学生在某堂课或某个学习过程中学习的内容以及原因（你的 WIIFM）。以下是创建学习目标的一个公式，其中包含了两部分。

我们将学习＿＿＿＿＿＿这样（或因为）＿＿＿＿＿＿。

始终遵循这个公式，将帮助你避免许多教师在学习目标方面陷入的陈规陋习——那就是仅仅重申标准而不考虑其重要性，这最终往往会导致很多无用功。例如，如果你正在教一个关于记叙文写作的单元，你可以将单元学习目标定义为"我们将学习一些有效的叙事技巧，这样我们就可以为我们的目标受众，也就是十年级的其他学生，写一篇引人入胜的趣闻轶事"。

另外，成功标准通常是从学生的角度出发而制定的——通常是关于"我能够"的陈述，帮助学生理解和想象掌握知识后的样子与感觉。这样一来，成功标准让学生知道教师对他们的期望，可以帮助学生成为更积极的学习参与者，并帮助教师把焦点从教学转移到学习，让学生弄清楚自己将要学习的东西，以及希望学生在参与学习的过程中展示和反思的内容。

换句话说，学习目标通常讲述了教师的教学目标（例如，"今天，我们将了解……"），而成功标准则讲述了学生的学习目标（例如，"我可以展示／解释如何……"）。回到前面的例子（"我们将学习一些有效的叙事技巧，这样就可以为目标受众，也就是十年级的其他学生，写一篇引人入胜的趣闻轶事"），你可以按照以下方法，为学生提供一系列的成功标准。

◇我可以解释为何我选择了某些特定词语来引起读者的情感。

◇我可以把自己的作品作为范例，来说明如何有效利用对话。

◇我可以用我自己的作品中的一个例子，来解释隐喻和明喻之间的区别。

◇我可以使用头韵来强调我叙述的特定想法或特征。

表 3.1 提供了一些额外的说明和示例。

亲身体验：成功标准的句干

以下句干可以帮助你制定成功标准，用以鼓励学生参与深度学习。

◇我可以解释……	◇我可以用……来……
◇我理解并且可以讨论……	◇我可以讨论和解释如何……
◇我可以教……	◇我可以模仿如何……
◇我可以为……辩护	◇我可以演示如何……
◇我可以测试和证明……	◇我可以画一个图……
◇我理解并且可以展示……	◇我可以选择……
◇我可以重述……	◇我可以说明和解释……

表 3.1　学习目标与成功标准

学习目标	成功标准
参考标准的预期学习内容是什么？	学生将如何证明他们已经掌握了学习目标？
为什么学生需要学习这个？为什么它很重要（WIIFM）？	学生将如何证明自己已经理解了要学习这些知识的原因？
先前的学习／知识／经验与新的知识有什么联系？	学生如何将目前学习的知识与原有知识，以及更大的概念联系起来？
示例	
我们将学习逻辑谬误。	我可以在给定的文本中讨论和解释作者的逻辑谬误。
我们将了解情绪如何影响我们的决定。	我可以识别和讨论作家对情感诉求的使用。
我们将精心设计能够吸引读者的论点。	我可以提出一个令我的目标受众想要进行更多了解的论点。
我们将确定作者的主要观点。	我可以教同伴如何识别作者的主要观点。

向学生展示"精进之道"

将成功标准与你构建学习所依据的核心问题联系起来也很重要。当然，你的成功标准应该来自这些问题，并且共同构成该单元学习的一个更大的目标。但是，不要假设所有学生自己会明白这些联系。你需要帮助他们把各个点联系起来——明白每节课、每个学习目标和成功标准如何共同解决你在单元级别上所探索的更重大的核心问题，或引导他们的学习朝着这个核心问题进行。

你可能会发现，借鉴电视连续剧中的某些播放画面会很有帮助；这些画面会在每集开始时提醒观众在前几集中发生了什么，并在结束时以扣人心弦的剧情预示下一集将发生的事情（或制造悬念）。用教育术语来说，这有时被称为叙事——有意将所学内容联系成一个更大的故事，帮助学生了解每节课如何使他们更接近一个更大的学习目标。这样做可以利用心理学家丹尼尔·平克（Daniel Pink，2011）认定的内在动机的 3 个关键驱动因素之一——掌握——看到自己不断取得更好的成绩。正如当我们看到自己体重减轻时会坚持按方案锻炼一样，当学生看到自己取得进步时，他们会更倾向于坚持学习。

我们已经在课堂上看到过这种做法。例如，在澳大利亚墨尔本的一所 K9（小学 + 初中）学校——阿拉米达学院（Alamanda College），教师在教室的墙上按顺序张贴成功标准。这样做可以让学生准确地看到自己在学习进程中所处的位置，并参与根据可见的成功标准而应该如何进行独立的、符合自身进度且积极的学习，然后再继续进行序列中的下一个目标。

鼓励设定个人学习目标

最终，当学生利用成功标准来设定并实现自己的学习目标时，真正的魔法就会在课堂上发生。当我们实现自己设定的目标时，我们的大脑会充满一种化学物质，这种物质与我们吃巧克力、完成一叠论文评分或在县城的集市上赢得奖品时大脑中分泌的化学物质（多巴胺）是一样的。简而言之，实现目标会让人感觉很棒，并形成一种正面成瘾。当然，当由我们自行为自己设定目标，而不是由别人把目标交给我们时，目标会更有意义。我们在这里谈论的实际上只是常识。如果有人告诉我们应该有怎样的新年愿景，我们很少会感谢他们；但是，在我们为学生设定学习目标，并且没有征求他们认可时，我们或多或少都在做着越俎代庖的事情。

同样，学习目标还应该具有挑战性。25 年的研究表明，与空泛的"尽力而为"目标或没有目标相比，拓展目标能够激发更多的努力和坚持（Locke，Latham，2006）。根据定义，拓展目标旨在让学生超越平庸。而且要让学生以正确的心态看待自己的失败。

事实证明，采用表现目标的学生，往往会采用希望让自己看起来很聪明，而不是看起来愚蠢的目标（例如，"我想要在英语课上拿到 A"）；但是，当学习过程遇到大的困难时，他们往往会感到无助、信心不足和沮丧。然而，所谓的学习目标，反映了学生"学习新技能、掌握新任务或理解新事物的渴望——让自己变得更聪明的渴望"（例如，"我想成为一个更好的作家"）；而采用学习目标的学生，则更倾向于从容应对最初的失败，并继续努力实现他们的目标（Dweck，2000，第 15 页）。

当然，有些学生对成绩非常感兴趣。他们甚至可能会直接问你："我需要做些什么才能获得 A 呢？"然而，获得好成绩只是一个表现目标，它有可能会导致思维定式和挫败感。此外，这是一种相当薄弱的学习方式。理想的做法是，你将帮助所有学生设定个人学习目标。为了帮助学生制定自己的学习目标，有一种方法是让他们以某一个单元的大概念或核心问题作为开端，然后写下自己的"我能"陈述语句，或使用 K–W–L 图表来确定他们知道（K）什么，他们想知道（W）什么，然后是他们学到（L）了什么，像这样：

◇我知道什么？（例如，"火星是一个岩石行星，它有冰、大气层和季节"）

◇我想知道什么？（例如，"人类可以生活在火星上吗？"）

◇我学到了什么？（例如，"我了解了地球化和火星土壤下存在水的可能性"）。

借助便利，K–W–L 图表可以帮助学生将自己想知道或想要学习的内容，转变为个人学习目标（例如，"我希望能够解释，为什么有些人说人类将在 21 世纪末生活在火星上，为什么另外有些人说这是不可能的，我的想法是可能的还是不可能的"）。

帮助学生坚持不懈

设定目标很重要，但事实证明，许多学生通常都不知道如何将自己的志向转化为成就——正如哈佛研究员罗兰·G.弗莱尔（Roland G.Fryer）为 4 座城市的 18000名学生提供了共 630 万美元的奖励，用以提高他们的学习成绩，却发现这种干预毫无效果。为什么？基本上，奖励承诺确实激励了学生，但他们却不知道如何才能做得更好。弗莱尔写道:"没有任何一个学生会就难以理解的问题而阅读教科书、更努力地学习、完成家庭作业,或者问老师。"(第33页)

因此,重要的是——通常是以很直接的方式——让学生明白努力与实现目标之间的联系。心理学家马丁·塞利格曼(Martin Seligman,1990)投身研究,想确定是什么让某些人比其他人更成功。他发现,成功的人会将自己的成功(和失败)归因于他们的努力(或不够努力),而不是运气或倒霉——他把这种现象称为"习得性乐观",与之相对的则是"习得性无助"。塞利格曼指出,人们可以通过(即使是小规模的)掌握体验或体验成功的机会,来培养习得性乐观。随着时间的推移,小规模的成功开始向学生表明,他们自己的成功不仅仅是因为偶然,或老师喜欢自己,或自己先天能力,而是他们自己的努力。反之,如果他们无法将成功或失败与自己的努力联系起来,他们更容易产生习得性无助。

人们发现,与学校可控的任何其他因素相比,这个有时被称为"命运控制"的单一因素,对学生成绩具有更强大的积极(或消极)影响(Coleman,1966)。事实上,在过去的几十年里,研究人员发现,学生在控制点连续体中的感知情况——从内部控制点(相信他们可以通过自己的行为来决定自己的生活结果)到外部控制点(认为自身状况是由自己无法控制的力量所形成的)——是在学校和生活中成功最强有力的预测因素。例如,高中辍学生更容易有外部控制点(Ekstrom,Goertz,Pollack,Rock,1986),而成绩优异的低收入少数族裔学生更可能有内部控制点(Finn,Rock,1997)。

事实上,对少数族裔学生来说,强大的内部控制点可以抵消刻板印象威胁的不良影响——刻板印象威胁是一种已获充分证明的现象,即当学生感到自己有可能因为种族、性别或其他社会身份而受到评判时,学生便会表现不佳。例如,有一项元分析(Richardson,Abraham,Bond,2012)发现,对自己生活的掌控感,连同学术自我效能感和目标导向,约占导致大学生平均成绩差异因素的20%——其预测能力与其对高中平均成绩和大学入学考试分数的预测能力几乎相同。

然而,最引人注目(和令人担忧)的是,对过去40年里数千份关于大学生的调查进行分析后发现,平均而言,学生的控制点越来越倾向于外部控制点:2002年的普通大学生,比20世纪60年代初80%的大学生拥有更多的外部控制点(Twenge,Zhang,Im,2004)。根据这一现象,研究人员推测,罪魁祸首可能是我们的文化精神转变,因为我们的社会曾经普遍认为努力工作是通向更美好生活的门票,如今却认为个人在面对冷漠的制度、不可预测的外部力量,或自身心理构造中无法控制的因素(例如,被诊断为患有多动症)时是无能为力的。

其中的好消息是，为学生提供设定和实现目标的小机会，可以帮助他们把努力与自己的成功联系起来，从而扭转这些影响，这反过来又会产生更多的内部控制点。例如，班杜拉和施兰克（Bandura，Schunk，1981）发现，与设定了"边缘"学习目标（例如，想要在 7 节课上完成全部 42 页教学内容）或根本没有设定目标的学生相比，为学生提供短期可实现或"中心"个人学习目标（例如，把在每节课上完成 6 页教学内容作为目标），可以帮助他们取得更好的成绩。此外，实现这些小目标似乎也有助于学生培养内部控制点的第一个核心——更加相信自己有能力通过努力克服困难。

大概念：将"是什么"与"为什么"联系起来，鼓励学生投入学习

从所有这些研究和指导中可以得出一个关键结论，那就是我们的学生必须告诉自己以下两件事，才能让自己投入学习：① 这很有趣而且很重要；② 我相信我可以学习 / 掌握它。总之，你可以与学生分享的最重要的事情不是学习本身，而是投入学习的决心。

在与学生一起开始任何学习之旅之前，重要的是要花时间帮助他们了解自己将要学习些什么，并且明白自己为什么要学习这些知识——这是他们的 WIIFM。事后看来，如果我在教《红字》时做到了这一点，或许可以帮助学生明白，深入钻研书中复杂难懂的散文，不仅可以帮助他们提高精读技巧，还可以发现一些人类社会存在的深刻真理，例如社会风俗和个人自由之间的冲突，这对今天的我们，对霍桑，以及他所写的清教徒，是同样重要的。

同时，帮助学生看到通向成功的道路也同样重要——取得一系列小胜利（也就是成功标准），将如何有助于取得更大、更有价值的东西，例如实现个人的学习目标。通过这样做，你可以帮助学生获得我们能给予他们的最重要的礼物——内部控制点或习得性乐观。

在小说的结尾，当海丝特·白兰最终失去她的红字时，霍桑写道："直到她感受到了自由，她才知道其重要性。"所以，对我们的学生亦是如此。当我们帮助他们找到所学内容的目的和意义，并相信自己可以通过努力实现目标时，我们可以减轻他们不得不学习自己认为毫无意义的东西的烦恼，以及作为学习者自己所产生的不良自我怀疑的压力。

第四章
聚焦新知

我们可能都有过这样的尴尬经历，在社交聚会上第一次见到某些人，并在交谈一两分钟后意识到，尽管在初次见面时他们把名字告诉了我们，但我们已经完全忘记了。他（她）叫香农还是莎拉？布拉德还是布雷特？诚然，这在我身上经常发生，以至于当我叫他们过来自我介绍，好让他们再说一次自己的名字时，连我的妻子都知道我脸上尴尬而绝望的表情（哦，是的，莎莉和巴里——没错）

当这种情况发生时，我们大脑内部正在发生的事情反映了学习的一个核心原则——我们会记住我们思考过的东西。一旦我们听到某个人的名字，我们大多数人就会停止思考它——除非它的不寻常或引人注目给我们留下了印象；我们继续和我们的新朋友谈论其他事情，遗憾的是，我们忘记了这个人的名字。有些记忆专家说，要记住一个名字，我们必须在知晓这个名字后立即大声说几次（"很高兴见到你，莎莉。你在哪里工作，巴里？"）并立即将它与这个人的（通常是视觉上的）一些令人难忘的特点联系起来：微笑的莎莉，秃头的巴里（当然是在心里默默地说）。

简而言之，我们必须专注于我们刚刚学到的东西，才能将我们的瞬时记忆中的内容转移到工作记忆中。通常，我们通过积极思考信息，并将之与其他感官输入（例如，大声说某个人的名字时的声音或视觉提示）结合起来，就可以做到这一点。这样做会促使更多的神经元激发它们的记忆代码，与其他神经元建立连接，从而创造出更丰富、更强大的记忆。

所有这些都展示了我们工作记忆的惊人力量和令人沮丧的缺点，而我们将在本章中对此进行探讨。到目前为止，在我们的模式中，我们已经帮助学生对学习产生了兴趣，然后帮助他们投入学习。你可能会认为，学习模式的前两个阶段，就像那个关于老销售员的故事一样；老销售员提醒年轻同事，他的工作不是让人们喝水，而是让他们口渴。因此，当你让学生参与了学习模式的前两个阶段时，他们可能已经开始渴望学习新知识。

但我们的工作还不算完成。我们需要帮助学生将这些信息保留在他们的工作记忆中，这需要一些心理过程，其中最重要的是积极思考他们所学的知识。基本上，到了这个时候，我们面临的挑战已经转到要确保学生继续专注于新的知识，这样他们就可以让这些新信息（例如莎莉和巴里的名字）在工作记忆中保留足够长的时间，以便以后可以回想起这些新信息。

正如你将在本章看到的那样，有很多方法可以做到这一点，包括让学生参与问答环节、仔细阅读文本、遵循建模的过程、创建新概念的非语言表征（如绘画），或在讲座中做笔记。所有这些主动的学习过程，尤其是结合使用时，有助于知识更深地渗透到大脑中。

然而，在这个时候，教师往往会转而围绕教师所做的事情，而不是学生头脑中需要发生的事情来安排课程。也就是说，我们经常会回到"呈现"一堂课并填写问题 1—10，而不是想一下我们希望学生思考些什么。

考虑到这一点，我们如何确保课堂上发生的事情不会简单地左耳进右耳出呢？工作记忆，是信息加工系统中较为令人困惑和变化无常的组成部分之一，我们将从更深入地钻研我们对工作记忆的了解开始来探索这个问题。

集中注意力的科学

我们的短时工作记忆基本上由我们有意识的思维组成的，比如我们刚刚在鸡尾酒会上认识的那对夫妇的名字。认知科学表明，我们可以把信息保留在工作记忆中5—20分钟，然后这些信息就会衰减——成为我们的大脑不断努力修剪它认为无用的信息的牺牲品——或继续前进并进入长时记忆。就像所有学习一样，将信息保留在我们的工作记忆中，需要我们付出努力，而大脑更愿意将这种努力用于其他心理活动。

一般来说，我们有意识的思维往往有 3 种形式：语言思维（我们大脑中的解说，有时被称为我们的意识流）、视觉思维和空间思维。巴德利和希什（Baddeley, Hitch, 1974）的研究确定了 3 个关键系统：语音回路系统（负责处理书面或口头词句）、视觉空间画板系统（负责处理视觉图像和导航），以及中央执行系统（负责协调前两个系统）。巴德利和洛吉（Baddeley, Logie, 1999）后来又添加了第四个系统，即情景缓冲器系统，它的功能类似于原有知识的"仓库经理"（例如，它可以说，到"储藏室"去吧）。

例如，想象一下，你开车去一个陌生城镇的亲戚家。根据这个模式，你的语音回路系统将帮助你看清路标并听从手机的语音路线指示，你的视觉空间画板系统将帮助你驾驶车辆，中央执行系统将指导其他两个系统保持警觉，而你的情景缓冲器系统可能会回想起亲戚说过的重要地标，以免错过主干道的转弯。由于所有这些都在你的工作记忆中进行，你可能会选择关闭收音机并让后座的孩子保持安静，以帮助你集中注意力。

虽然这个模式仍是理论上的（例如，科学家们还没有在大脑中"找到"视觉空间画板系统），但它依然是一个基于科学理论的模式——包括来自许多实验的观察结果；这些实验发现，我们能够同时处理语言和视觉信息流，但不能同时处理两段语言信息流或视觉空间信息流。

你可能有过这样的经历。例如，你或许可以同时处理视觉和语言信息流——比如一边开车一边阅读图像上的文字或听收音机。但是，你可能难以同时处理多个相同类型的信息流——比如，当有人坐在你旁边打电话时进行阅读，或者试图在按摩腹部的同时轻拍头部。

当然，当我们把心智功能自动化之后，我们的工作记忆可以参与越来越复杂的活动，而无须将同样多的心智带宽引导给它们。例如，你可以阅读句子中的单个单词，却不用读出每个单独的字母，可以听某人用你的母语说话而不必专注于他们所说的每个单词，或者打一份电子邮件而不必考虑每个字母在键盘上的位置。虽然有了这些自动化的脚本，但研究表明，在处理书面文字时，我们大多数人仍然需要采取额外的心智处理步骤。也就是说，在我们的大脑中将书面词句翻译成语言词句，这也解释了为什么阅读一段文字经常会让人感觉比听演讲更费力。

当然，除非我们正在经历 PPT 的折磨——这是一种可怕（但又再常见不过）的做法，我们需要忍受某个人向我们朗读屏幕上的词句，而这些单词通常与摆在我们面前的讲义上的词句是一样的。这种演示之所以令人如此难以忍受，其中一个原因就是，它们将我们的语音回路系统推向了边缘，并要求我们对语音、幻灯片和讲义上一式三份的词句——以口头和书面形式处理两次（Medina，2008）。

我们可以这样想：我们的语音回路系统和视觉空间画板系统，就像是进入大脑的两个独立通道；它们可以同时运行，但如果我们一次将太多信息塞入其中任何一个，它们往往会阻塞。事实证明，工作记忆的这一核心原则，指明了我们可以使学生的学习过程变得更容易、更有效、更有吸引力的一些重要方法。

将图形与文字配对

考虑到我们工作记忆中的这两个渠道，研究发现将图形与文字配对是支持学习的最有效策略，也就不足为奇了（Greenberg et al.，2016；Mayer，2011）。基本上，我们的视觉和语言系统在同时触发时最有效。当我们口头接收信息时，3 天后我们只保留了其中的 10%；但若有一个震撼人心的图像伴随它时，我们在 3 天后可以回忆起其中的 65%（Medina，2008）。对有效教学策略研究进行 McREL 元分析发现，事实上，用非语言表征（例如图形组织者）支持新学习，是特别有效的教学策略之一（Beesley，Apthorp，2010）。

示例说明抽象概念

这一原理——同时触发视觉和语言系统——很可能会与另一种策略一起发挥作用，而研究表明这种策略可以帮助学生吸收新信息：用具体例子说明抽象概念（Mayer，2011；Paivio，1971；Weinstein，Madan，Sumerack，2018）。长期以来，科学家们已经观察到，我们更容易回想具体名词而不是抽象名词——例如，按钮比绑定更容易被记住（Gorman，1961）。同样，当我们能够把抽象概念形象化时，我们就能更好地回忆它们（Paivio，1971）。

事实证明，大量的课堂实验有助于为学生提供抽象概念和具体示例（Pashler，Rohrer，Cepeda，Carpenter，2007）。如果考虑到工作记忆的双通道，这是有道理的。当用（以视觉形式提供的）具体例子来说明（以口头形式表达的）抽象想法时，我们可以更好地理解它们。反之，我们通常也看不到具体示例所隐含的模式或原理，除非有人清楚地告诉我们（用语言表述）。

例如，为了理解食物链这一抽象概念，我们既需要一个抽象的定义（例如，一系列分等级的有机体，其中每一种都依赖于下一种作为食物的来源），也需要我们可以想象得到的具体例子（例如昆虫、鸟类、山猫）。因此，用具体例子来说明抽象概念，似乎有助于双重编码——帮助学生的大脑在口头和视觉上吸收新信息。

将问题解决与方案示例相结合

大量研究表明，特别是在数学和科学课上，当学生有机会在尝试自己解决问题和参考可行的解决方案示例之间来回转换时，他们会更好地掌握新的知识（Pashler et al.，

2007）。例如，在某一项实验中（Sweller, Cooper, 1985），学生拿到了 8 个代数问题。对于实验组，其中有一半的问题已经解答了；对于对照组，8 个问题都没有解答。之后，实验组的学生在有待解决的新问题之间来回转换，而在后测中他们的表现明显更好。在对年幼学生进行的研究中，也发现了类似的效果（Zhu, Simon, 1987）。

简而言之，将富有成效的努力与给出的答案相结合，似乎可以加速学生的学习过程，这大概是因为它要求学生在解决问题时内化双重编码并思考问题（参与内部语言表达）（例如，"让我们看看——我认为首先需要找到最小公分母"），同时用给出的答案（例如，如何找到最小公分母的视觉示例）仔细检查自己的想法。事实证明，这种自我对话（解释）已被证明对吸收新知识至关重要，并将我们带到了帮助学生投入新学习的下一个关键原则。

在学习过程中提出问题

自我提问——也就是说，在头脑中引入一种声音来评估学习情况——已被证实是支持学习的一种有力策略。如果得到适当的培养，我们内心的声音会维持我们的好奇心，并通过说"等等，我不太明白"之类的话来指导学习。例如，如果我们正在观看一个科学节目，并听到节目里有人说夜空中的星光可能是由已经消失了的星星发出来的，当我们抓住遥控器倒回去看节目时，我们脑海中可能有一个声音会说，"等等，我还不太明白"。这类问题还可以帮助我们将正在学习的内容与原有知识联系起来——这是所有学习的核心过程。"哦，对了，"我们告诉自己，"星光是以光速传播的。"自我提问也可以帮助我们从具体例子中识别出抽象概念：宇宙无限大，而且还在不断膨胀。这种内心的声音还可以引出其他问题，从而进一步指导我们的学习："天文学家究竟是如何测量遥远恒星的距离的呢？"

人们发现，哪怕是提供相对简短的训练来增强工作记忆的中央执行系统——教它在学习时提出这类问题——都已被证实不仅会对理解阅读内容，而且会对理解口头讲座有强大的影响。其中有一项研究，对九年级学生进行训练，让他们在听历史课时向自己提一些比较和对比、因果关系类问题，分析类问题，以及反思类问题，结果发现这些技巧对学生的学习效果有显著影响。到底有多大影响呢？在随后的知识测试中，它相当于让学生的成绩等级提升了一个字母等级或更多（King, 1991）。尽管这项初步研究的样本量很小，但对其他学生群体进行的研究也得到了同样的结果，包括职业高中学生（Pate, Miller, 2011），以及有学习障碍的四年级和五年级学生（Wanzek, Wexler, Vaughn, Ciullo, 2010）。

事实上，国家阅读小组在审查数百项关于阅读理解研究时，提出了 7 种策略，其中有两种反映了学生的自我提问——"理解监控，让读者学习如何知道自己对材料的理解情况"和"问题生成，让读者就故事的各方面向自己提问"（*National Institute of Child Health and Human Development*，2000，第 15 页）。在这些研究中，最引人注目的或许是为了让学生的成绩出现大幅度且持久提高所需要的有限培训时间（总共约 90 分钟）——这种培训可能是通过提高学生工作记忆中的中央执行系统的能力，让他们的视觉和语言系统把注意力集中在学习。

以手写做笔记

对大量有效教学实践研究进行的 McREL 综合分析（Beesley，Apthorp，2010）发现，边学习边做笔记对学习效果有显著影响（0.90）。在一项实验研究中，鼓励第一组学生在某节大学课堂上做笔记；第二对照组的学生则不做笔记，而是在课后写一篇与所学内容有关的文章；第三对照组的学生则被告知只需在课后复习课堂内容。结果发现，第一组学生的学习效果更好（Beeson，1996）。

所有这些都表明，学生在做笔记时更有可能记住东西。然而，通过在笔记本电脑或平板电脑上打字来做笔记似乎会抹杀这些效果。学生打字时速度通常比写字快，因此更容易记下大量笔记，但这样做实际上并不能带来更好的学习效果，这大概是因为做笔记应该不是一件容易的事，也不应该只是抄录课堂上所说的内容。

更重要的是积极参与学习，认真思考新知识的关键概念，用自己的话进行总结并写下来。普林斯顿大学的一项研究（Mueller，Oppenheimer，2014）发现，虽然笔记本电脑使用者在做笔记时写的字更多，但字数多并不代表着学习效果更好。问题的焦点，似乎便是认知科学家丹尼尔·威林厄姆（Daniel Willingham，2003）所指出的一点——"学生会记住……他们思考过的东西"。对于打字效率高的学生来说，笔记本电脑可以让他们轻松而机械地记录自己听到的内容，而不是思考正在学习的内容——在大脑里把各个点连接起来，并专注于最重要的事情。

最重要的是，手写这一行为似乎具有一些重要的认知益处。神经科学研究表明，与打字相比，手写可以激活大脑的更多区域，尤其是位于文字感知核心的视觉处理中心（James，Engelhardt，2012）。总而言之，笔记似乎是一种有效的学习辅助工具，因为它促使学生投入精力思考自己所学习的内容，而手写则更好地促进了这种学习，因为它支持双重处理——将对口头词句的语言学习转变为对页面笔记的视觉学习。

一般来说，做笔记应该是一项需要付出更多努力的脑力活儿，而认知科学家罗伯特和伊丽莎白·比约克（Robert，Elizabeth Bjork，1992）则称之为"合意难度"（desirable difficulties）。例如，研究发现，在学习中添加小减速带会减慢学习速度，但会增强理解力和记忆力。学习过程中的生成行为（包括写下讲课中的重要内容）会产生这样的减速带；它需要我们大脑的多个部分都来参与我们正在进行的学习，这就是为什么我们会更容易学会并记住我们写下的内容。简而言之，做笔记时更重要的不是笔记本身，而是做笔记这个行为。

聚焦新知：课堂工具箱

这些工作记忆的原则，指明了几种基于证据的教学策略，其中有许多可能已经在你的技能库中了。不过，随着对学生的工作记忆拥有更深的了解，你将能够更有针对性地应用这些策略，更清楚地明白应该在何时，以及何种情况下将它们融入学习实践。当你这样做时，你很可能会发现你的策略工具箱此刻能够发挥更大的作用。

使用非语言表征

正如我们所见，当口头或书面文字附随图像和身体感觉（非语言表征）时，大脑会更有效地处理信息。这些表现形式可以是图片、图画和模型，以及气味、声音、口感、身体触觉和动作（Deanetal，2012），所有这些都有助于学生将语言知识与他们正在学习的内容的心智图像结合起来。

以下是一些具体的策略，你可以用来支持学生在课堂上进行视觉学习：

◇使用"思维导图"，鼓励学生绘制图表来展示各个概念之间的相互关系（例如，文艺复兴的元素、光合作用或英语中的不规则动词），以帮助他们厘清各个概念之间的重要联系，或创建复杂工作过程的心智模式。

◇创建物理模型或使用教具（例如，帮助计数的积木、3D地形图、句子导图）帮助学生通过更具体的表现形式掌握抽象概念。

◇鼓励学生在脑海中描绘正在学习的内容（例如，"想象一下，一个中世纪的水手在看不见陆地的地方航行时会是什么样子，周围全是海水，除了星星再也没有任何东西可以指引方向"），从而帮助他们更好地理解具有挑战性的材料。

◇要求学生画出他们所学内容的图片、插图和符号（例如，"在笔记中创建代表独裁、寡头政治、代议制和直接民主的图标"），以帮助他们区分相关概念之间的关键差异。

　　◇参与动觉活动（例如，到学校操场上，安排学生按比例表示出太阳系），以帮助他们理解和欣赏原本深奥难懂的事实和概念。

示例和讲解

　　如前所述，用具体的例子来说明复杂的概念是很重要的；反正，清楚地说明具体例子中反映的基本原理、抽象概念和大概念也是很重要的。一般来说，你需要把抽象观念告诉学生，然后向他们展示它的样子——反之亦然：向学生展示具体的例子，然后告诉他们这些例子所说明的原理。表 4.1 提供了一些示例，用以说明在课堂中应该如何做。

表 4.1　将抽象概念与具体例子联系起来

抽象概念	具体例子
供求关系：随着单位价格上涨，需求会减少，反之亦然	◇一家比萨店每晚以 15 美元的单价售出 100 个比萨。当它把价格提高到 20 美元时，它只卖了 50 个比萨。 ◇一家卖热狗的摊贩将热狗价格从 5 美元降至 4 美元，结果发现其销售额增加了 30%
反英雄：一个好心但有很多缺陷的主角，往往缺乏传统英雄的特质	◇《人鼠之间》的乔治·米尔顿 ◇《了不起的盖茨比》中的黛西·布坎南 ◇《麦克白》中的麦克白夫人 ◇《阳光下的葡萄干》中的沃尔特·李·杨格
二次方程：至少有一项是平方项的方程；二次方程的图形为抛物线	◇ $ax^2+bx+c=0$ ◇一个球以 14m/s 的速度从距离地面 1m 处直接向上抛向空中。它会飞多高，什么时候落地？假设重力以 5m/s 的速度拉球，我们用以下等式求解 h（高度）：$h=1+14t+5t^2$

亲身体验：具体举例从扶到放

　　这种方法已获得研究结果的支持，它从教师分享具体例子（通常是 3 个例子）开始，然后逐渐用抽象表征代替例子（Fyfe, McNeil, Son, Goldstone, 2014）。例如，在数学课上，你可以先用教具演示减法，然后用正方形来代替教具，最后把它们替换成数字和数学运算。在科学课中，你可以从蚂蚁觅食的具体示例开始，然后用黑点表示蚂蚁，用绿色三角形表示食物，来说明"竞争性专业化"等抽象概念。

虽然从抽象概念开始，然后用具体例子加以说明，似乎很自然，但你可能会发现，从提取抽象概念的具体例子开始会更有效——从上面亲身体验栏中描述的"具体举例从扶到放"方法中所反映的正是此种做法。

通过直接教学示范掌握知识的步骤

帮助学生专注新知识，尤其是学习程序性（技能型）知识非常有效的策略之一，是每次向学生展示过程中的一个步骤。在帮助学生掌握某一项技能时——例如多位数加法"满十进一"、文章编辑、精读文本或平衡化学方程式——通常最好先向学生展示你希望他们学会的步骤，让他们看到掌握知识是什么样子。这有时被称为"我来讲道理，我来做示范"阶段——你通过简单直接的教学，为学生示范某一个过程在练习中的样子。这样做有助于支持学生对新知识的双重（语言和视觉）处理。

例如，不要仅仅提供口头指导（例如，"在你编辑文章时，将被动语态转换为主动语态"），而是向学生展示如何进行该过程，并在展示的同时说出你自己的思考（例如，"所以当我看到像'它被广泛相信'这样的短语时，我会说，'哎呀，那是被动语态，因为句子的主语'它'实际上并没有在做这个动作，而是这个动作的受用者——那些相信'它'的人才是这个动作的实施者。所以我要重写这句话，让它读起来更符合我们大脑的工作方式：'大家普遍相信……'你们看，这样一来，大脑是不是更容易理解我们在此处想要表达的意思了？"）。在数次演示流程后，你可以邀请学生随你一起参与该流程（例如，下一节中描述的"我们一起试一下"阶段）。

将已经解决的问题和学生需要解决的问题交替进行

如前所述，将问题解决与步骤练习结合在一起，已被证明可以加快学生吸收新知识的速度。要做到这一点的一种方法是，当学生正在跟你学习某一过程时，在你引导学生完成这些步骤的时候，邀请学生在他们自己的练习本中参与这一过程——例如，跟随你练习多位数加法的相同步骤。这有时被称为"我们一起来试一下"阶段。如果你给学生提供机会，让他们（顺着解决问题的过程）在已解决的问题和需要自行解决的问题之间交替进行，学生也可以独立做到这一点。

研究表明，在给出解决方案的同时教师逐渐放手，要求学生越来越独立地解决问题时，这种方法效果最佳（如 Renkl，Atkinson，Grofie，2004）。此外，研究发现，结合了文本和视觉指导时，效果最好——例如，为学生提供动画视频，向他们展示如何解决问题。

尽管在数学或科学课堂（顺便说一下，这些研究主要发生在这些课堂）中，最容易安排已解决问题和未解决问题交替进行，但这种策略也适用于其他学科。在读研究生时，我自己就发现了这一点。刚从大学毕业时，我给一年级的大学生教授作文（为了让自己看起来比学生年长，我还系上了领带，但其实这样做却是白费功夫）。研究生协调员巧妙地要求所有的教师，按照我们给学生布置的作业要求写同样的论文。他的理由很简单：不要让学生做那些你自己都做不到的事情。

自己写论文不仅让我想起了各种写作形式（记叙文、议论文、说明文等）所需的技能，而且还给了我一个可以和学生分享的范例——一个我可以带领他们亲身感受一遍的范例，以此解释我身为作者所做的选择，并向他们展示我如何写作和修改论文表述，如何使用细节来支持论点，以及如何为了简洁明了而对文章进行编辑。这就是他们最想看到的——如何接受写得不好的作品并使其变得更好。因此，我开始提供"待解"问题的示例——未经编辑、臃肿、充满被动语态的文本。

首先，我将示范如何对它进行大幅删改，并创建一个范例（一个"我来讲道理，我来做示范"的过程）。然后，我们全班会一起对几个句子进行编辑（"我们一起来试一下"），之后我会让学生自己修改一些句子（"你独立来试一下"）。

教会学生进行自我提问和仔细阅读

请回想一下上一节中的内容，即有研究发现，教会学生在学习的同时进行自我检测，可以提高学生对知识的理解和记忆。其中一种名为 TWA（阅读前思考、阅读时思考、阅读后思考）的方法，已被证明对学生评估主要思想、总结和复述叙事的能力有很高效果量（0.99）（Mason，Snyder，Sukhram，Kedem，2006）。以下是从研究中得出的一组简单问题，你可以教学生在学习新材料的时候随时用来进行自我提问。

◇要点是什么？
◇这方面有没有什么例子呢？
◇这与我已经知道的有什么相似/不同？
◇我能解释一下其工作原理吗/为什么它适用于其他一些情况？
◇我可以如何应用？
◇我对它有什么看法？

◇我还有什么不理解的地方吗？

可以肯定的是，许多学生在吸收新信息时已经问过自己这些问题了。事实上，在很多情况下，正是这种自我评估的能力，将更成功的学习者与那些拼命努力的人区分开来。尽管如此，我们不应该假设学生已经知道如何使用这种策略。此外，你可能需要给出示范，向他们展示如何在阅读过程中偶尔停下来问自己其中的一个问题，或如何在教师讲解中积极倾听（和自我提问）。

在第六章中，我们更深入地研究实践并反思学习，特别是在大多数情况下，学生如何通过向自己提一些和已学内容有关的问题，从而实现高效学习时，我们将重温这一观点——在重新学习的同时进行自我检测的力量。尽管如此，在学习模式的这个阶段——聚焦新知——自我提问的作用是很大的，因为它们可以帮助学生在课堂上或在阅读时保持大脑始终参与主动学习。

让学生主动做笔记

以下是一些策略，你可以在课堂上用它们来帮助学生主动做笔记。

教学生如何做笔记。具体来说，为学生示范笔记中应该包含的内容。例如，当你在解释一个概念或过程时，暂停片刻（如果你有投影仪，便使用投影仪）向学生展示应该在笔记中写些什么。此时，你可以向学生展示如何在笔记中正确记录关键概念，而不是逐字记录教师说的所有内容。你还可以展示如何使用带有项目符号的列表来正确记录关键概念，创建绘图和图形以帮助他们随后将学习内容形象化，使用线条来连接各个概念，以及圈出或用线条画出他们随后想记住的关键词。

使用指导性笔记集中指导学生做笔记。为了让学生专注并思考他们的学习内容，以及学会如何做笔记，其中更有效的方法之一是，在学生听讲、阅读文本、观看视频时，为他们提供填空大纲或已部分完成的笔记。对这种技能（名为"指导性笔记"）进行的元分析发现，它们有助于学生掌握更多知识，尤其是与只是鼓励学生做笔记的、结构松散的方法进行对比更是如此（Larwin，Dawson，Erickson，Larwin，2012）。虽然看起来有点花哨，但指导性笔记之所以有效，是它们可以帮助学生弄明白哪些是重要内容，并积极参与和努力思考，因为每一处需要填写的空白都会为学生创造一个知识缺口（或一次好奇心）。事实上，人们已经发现，它们对各类学生都有效，包括残疾人学生和大学生。

鼓励学生画出关键概念。研究表明，与其他各种技能（包括重写笔记、学习内容形象化或被动观看图像）相比，绘制单词图片能够帮助我们更好地回忆单词（Wammes，Meade，Fernandes，2016）。你可以把这种技能应用到课堂环境中，鼓励学生画出重要概念和词汇术语（如电子、寡头政治和抛物线）的图画或图标。

要求学生手写笔记。 如前所述，这方面的研究结果已经非常明确：在笔记本电脑上打字做笔记，远不如手写笔记有效。你可以向学生解释这项研究结果，然后让他们合上笔记本电脑，拿出记录笔和笔记本。

亲身体验：指导性笔记

你可以使用以下3种方式来指导学生记笔记（Silver，Abla，Boutz，Perini，2018）：

◇窗口笔记。学生将页面划分为4个象限，分别标为"事实""感受和反应""问题"和"联系"。在阅读、听讲座、参与课堂讨论或观看视频时，他们会在每个象限填写相关内容。

◇分屏笔记。学生将页面分为两列，一列标记为"概述"，另一列标记为"大概念和重要细节"，并根据你在课堂上想要涵盖的"组块"或片段的数量来创建行数。学生在笔记中对每个概念进行概述，并记录下大概念和细节。

◇网状笔记。学生在页面中心以一个关键问题或概念开始，然后在围绕中心思想而展开的网状枝丫上，绘制出支持性概念和细节，以创建出所学内容的图形组织者。

大概念：在图示、语词和观念中学习

一般来说，所有这些研究和指导都可以归结为一个关键要点：如果我们希望学生吸收和编码新知识——专注新知识——我们必须帮助他们理解自己正在学习的知识。用他们自己的话来说，就是思考自己正在学习的知识。

让我们先在这里破除一个迷思：世上没有所谓的视觉型学习者，因为每个人实际上都是视觉型学习者。因此，在为学生设计学习机会时，重要的是要考虑如何帮助他们将所学内容可视化，为他们提供图形、图像和其他非语言表征，向他们展示过程中的各个步骤和有效解决方案，并分享能够说明抽象概念的具体例子。

但与此同时，因为我们是通过视觉空间画板系统和语音回路系统将新信息吸收到大脑中的，所以用紧扣新概念的词句，在我们脑海（语音回路系统）中提供现场连续评论是很重要的。因此，我们需要设计学习机会，鼓励学生用自己的话说出心中的体验，从而帮助学生用语言表达他们学到的知识。在这一点上，自我提问和将正在学习的内容转化为页面上的文字，都有助于吸收新信息。

最后，让我们回顾一下认知科学家丹尼尔·威林厄姆（Daniel Willingham）这个看似简单却很重要的原则：我们只会学习我们思考的内容。因此，当学生吸收和编码新信息时，我们需要确保他们积极思考自己正在学习的内容（并且，我们还可以补充说，对这些内容保持好奇）——而不是仅仅作为被动的参与者在教室里凑凑热闹。我们将在下一章更深入地探讨关于帮助学生理解所学知识这一观念，我们将探索如何帮助学生参与另一个基本的学习过程：将新的知识与原有知识联系起来，并将不同的信息片段整合为内聚性心智模式。

第五章
理解意义

你可能还记得 20 世纪 80 年代末和 90 年代初的电视连续剧《百战天龙》(*Mac Gyver*)。在该剧中，与电视剧同名的、穿得像个鲻鱼一样的明星，会即兴提出解决方案，以利用现成的物品——例如，用电线、细绳、棍子和火柴装配机枪，摆脱各种困境（通常就像定时炸弹在滴滴答答倒计时一般）。在学习过程中，到了此时，你的学生正面临着类似于《百战天龙》那样的挑战：他们已经对新的知识感兴趣，投入并专注新的学习。现在，他们必须在工作记忆变得疲劳和"暂停工作"之前，在不同的信息片段之间建立合理、可行的联系。

一般来说，新知识在此刻所面临的困境是，要确保大脑不会变成《周六夜现场》对《百战天龙》的滑稽模仿：笨手笨脚的马盖先（MacGruber），一个容易分心的动作英雄，他几乎在每一个短剧结束时，都是转身离开滴答作响的炸弹，并在炸弹爆炸时说一些陈词滥调的独白。如果大脑分散了注意力，或被迫同时应付太多事情，学习可能会以不恰当的（尽管不那么暴力）的方式结束，因为大脑会丢弃它认为无用的信息。在本章中，我们将探索工作记忆如何编码新信息（以及信息在这一阶段所面临的困境），以便你可以帮助学生参与学习过程的下一个关键阶段：理解知识。

理解的科学

我们大概都经历过一些没有意义的事情。也许是盯着大学经济专业 101 班的图表、解释诊断结论的医生，或者试图理解新纸牌游戏的规则。我们听着别人说的话，看着一些图片，却无法将它们串在一起形成任何条理清楚的概念。

　　尽管你尽了最大的努力为学生讲解新的知识，但你大概也听到过他们说类似的话。你解释得很透彻，解决了问题，提供了图形，展示了具体例子，但他们还是说："这到底是啥意思？"当你听到这句话时，你是否知道学生真正想告诉你的是什么？

　　答案与大脑的工作原理有很大关系，首先是认知科学家尚未完全理解的一个过程：编码。当大脑接收新信息时，就开始在大脑中创造新信息形象的视觉和语言表征，而且可以在以后重新恢复这些表征，名为"记忆痕迹"（Brown，Roediger，McDaniel，2014）。

编码之谜

　　这一切究竟是如何发生的仍然像是一个谜。"据我们不多的了解，它就像一个正在打开盖子工作的搅拌机，"认知科学家约翰·麦迪纳（John Medina）写道，"信息在进入大脑时实际上被切成离散的片段，并散布在大脑内部。"（2008，第104页）例如，大脑扫描显示，当大脑看到复杂的图片时，它们会在不同的区域存储对角线和垂直线。科学家还通过中风幸存者瞥见了大脑对信息进行编码的神秘方式。例如，有一位女士，她的大脑有一小部分区域中风了，但她仍然可以写出完整的句子，只是放弃了所有元音，这表明她的大脑将辅音存储在与元音不同的位置。

　　通过一个人们尚未完全理解的过程，大脑会将这些"混合"的数据无缝地重建为我们所学和所观察到的内容的合理表征。一般来说，当感觉数据进入大脑时，大脑会将它们转化为存储好的电脉冲，当这些电脉冲被重新激活时，便会在脑海中重现原始脉冲——某一段回忆。这种将一种形式的电脉冲（感觉输入）转换为一组我们可以在以后重现的新的电子模式（记忆）的过程，科学家称之为"编码"（Medina，2008）。

　　有时，大脑会自动执行此操作，尤其是当新信息与强烈的情绪融合在一起时。我们不需要荧光笔或闪存卡来记住我们生活中的特殊或悲惨时刻——例如求婚或车祸。大脑完全会迅速采取行动并将它们直接嵌入我们的记忆中。然而，在其他时候，我们必须帮助大脑收集那些在所谓的"努力处理过程"（Medina，2008）中散布的知识片段，这是大多数学术学习的核心所在。

破解编码代码

　　在语言学习方面，认知科学家认为，我们的大脑通过以下3种方式编码（努力处理）新的知识（Medina，2008）：

◇语义编码：处理单词的含义。

◇音素编码：处理单词的声音。

◇结构编码：处理单词的拼写。

这件事为什么很重要？事实证明，如何编码信息会影响我们以后可以在多大程度上回忆起该信息。例如，当研究人员给两组参试者一个单词列表，并要求其中一组参试者确定字母中带有对角线的单词的数量，第二组参试者则思考每个单词的含义并且在 1—10 分的范围评估他们对单词的喜爱度，结果第二组参试者回忆起的单词数量是第一组参试者的 2—3 倍（Medina，2008）。一般来说，第一组参试者对单词进行的编码较为肤浅，而第二组参试者思考了每个单词的含义并对其进行评分，这样就添加了另外一个关联。根据麦迪纳的分析，这表明"我们对所遇到的事物进行越精细的编码，就越能记住它，尤其是如果我们能够将其个性化的话"（第111 页）。

认知科学家丹尼尔·威林厄姆（Daniel Willingham，2003）则用了更简洁的话来描述：我们"会记住自己思考的内容"。也就是说，如果我们要学习任何东西，在它们进入我们的大脑时，我们必须专注视觉和语言输入；将它们与记忆、其他概念、图像，以及情感联系起来；并帮助自己理解它们以理解意义。虽然我们还不确定这是如何发生的，但我们仍然可以从认知科学中推断出一些关键原理和大概念，然后我们就可以反过来运用这些原理和概念，帮助学生首先理解自己所学的知识，从而对知识进行编码供以后使用。

杂乱的神经网络

第一个重要理念是：大脑存储记忆的方式，并不是像文件柜存储文件一样，将零碎的数据整理到整齐的心智文件夹中。相反，我们似乎是通过将记忆、概念和经验连接到杂乱的神经网络中来存储它们的。这就是为什么我们倾向于将单词联系在一起，而回想起某一段记忆往往会让我们回想起另一段记忆。这也意味着要学习任何东西，我们必须将其与原有知识联系起来。正如大家所知道的，我们为新知识建立的联系越多，以后就更有可能回想起这些信息。

技能型学习也是如此。学习一项新技能，往往会让人感觉自己很笨拙或很机械，直到我们将它与已经在脑海中形成了自动化脚本的其他流程联系起来。例如，在学习驾驶汽车时，受训驾驶员必须有意识地专注几个不同的步骤：拨动转向灯手柄、转动方向盘、松开油门并踩刹车、避开路边石块，以及忽略正在紧张地抓着仪表盘的乘客。对更有经验的司机来说，这些动作会被整合到一个自动化的脚本中：右转。

魔法数字 7（也有可能是 4）

第二个重要理念是：我们的工作记忆有带宽限制。我们只能将有限数量的不同信息整合在一起，否则就会出错。正如我们在第一章中介绍的那样，这个限制数量平均为 7 个，甚至可能只有 4 个。

你可能有过这样的经历。例如，想一下，如果你的另一半或室友在工作时打电话给你，并让你在回家时顺路从商店里买咖啡、牛奶、垃圾袋和百吉饼。你可能会简化清单并（在心里或口头上）重复一遍——咖啡、牛奶、垃圾袋和百吉饼——然后想，"好，明白了。"但是，如果他们几分钟后又打电话给你并且说："哦，等等。我们还需要茄子、狗粮、鸡肉、芦笋和生菜。"那么你就会遇到难题了。也许你可以尝试用一下某个助记技巧：把购物清单变成一个你可以记住的首字母缩略词，直到你在商店结账：CMB–BED–CAL；然后你可以把它变成一个 3 个词的短语——CoMB–BED–CAL——想象有一把梳子（comb）在你的床（bed）上，而床架旁边放着你用来打电话的手机。

> 或许你只想说："嗯……你用手机短信把那个清单发给我怎么样？"

所有这些都说明了我们工作记忆的运作方式——将不同的信息聚集成更大、更有意义的模式。这其中有一个关键含义是，如果我们一次向学生介绍太多信息，可能会使他们的工作记忆超负荷，从而导致疲劳、沮丧和健忘。如前一章所述，神经科学研究发现，患有创伤后应激障碍的人，包括遭受过心理创伤的儿童，海马体往往较小（Bremner，2006）。结果就是，他们可能难以在工作记忆中保存信息。对所有学生来说，绕过这一限制的最佳方法是，在学习期间经常停下来，以帮助自己在大脑中将信息聚类到更大的概念中（Bailey，Pransky，2014）。

大脑的"求知若渴"模式——无论好坏

好消息是，我们的大脑似乎天生就会进行这种聚类。大脑基本上就是一个制模机。即使是两岁大的孩子也在身边的环境中寻找各个模式。事实上，正如英国幼儿学习教授朱利安·派因（Julian Pine）所指出的，他们所犯的一些"聪明的错误"——例如使用"go'ed"等不正确的词——实际上是相当符合情理的，并表明幼儿已经观察到了一种模式，例如将 –ed 添加到常规动词使其变成过去式（2015，第 22 页）。

坏消息是，我们这种创造模式的天赋，有时会给我们带来麻烦，尤其是当我们识别出不存在的模式，或者对我们所观察到的事物做出错误的结论时。例如，研究表明，人们经常把实际上只是随机巧合的情况看成是模式。例如，篮球教练、球迷和球员经常把某一名球员连续投篮成功，看成是该球员"手感如神"的证据，并认为队友都应该将球传给她，让她在出手依然"如神"的情况下投篮。然而，对篮球比赛中数千名球员投篮序列进行广泛分析后发现，并不存在"手感如神"这样的运气：球员的投篮手感永远不会超出随机性测试中预期的结果——比如硬币落下后碰巧会以同一侧落地的次数（Gilovich，Vallone，Tversky，1985）。

因此，当学生开始对所学的知识进行理解时，要意识到自己的大脑正在积极寻找并创造各个模式，这是很重要的。其中有一些模式将是准确和有用的，而其他模式则不然。因此，在学习过程的这个阶段，学生经常会形成误解——比如认为月相是由地球的阴影引起的，后天特征可以遗传，或者当我们的血液失去氧气时会变成蓝色。

因为学生很容易产生误解，所以威林厄姆建议教师"谨慎使用发现式学习"（2003，第 80 页）。是的，当由学生自己去发现而不是由教师直接把知识"交给他们"时，学习效果往往更好。不过，威林厄姆同时强调，如果没有老师的充分指导，"学生会像记住正确的发现一样，把错误的'发现'也牢牢记住"（第 80 页）。换句话说，为了确保学生不会形成这些误解，我们需要让学生的思维变得可见，并帮助学生准确理解正在学习的内容。

大脑需要暂停

第三个重要理念是：就像马盖先与定时炸弹抢时间一样，对青春期前的少年来说，工作记忆往往会在工作 5—10 分钟后暂停，而成人的工作记忆往往会在工作 10—20 分钟后暂停（Sousa，2011）。回顾一下，正如认知科学家丹尼尔·卡尼曼（Daniel Kahneman，2011）所指出的，我们的大脑很懒惰，并且总是渴望回到"省力模式"。当然，我们可以尝试与这种倾向作斗争，但这样做需要很大的努力和意志力——比大多数人愿意付出的还要多。

这个理念表明，在学生学习过程中要设计简短的心智休息，将学习内容"分"成多个较短的部分，让学生在每个间隔之间有机会进行心智处理是很重要的。简而言之，我们的大脑需要频繁地改变节奏——有机会停下来，把我们一直在学习的内容聚集成更大的概念或类别，暂时专注其他事情，或者只是改变我们的情绪状态。事实上，脑科学告诉我们，这些处理中断需要相当频繁——大约每 10 分钟就要中断一次。这条规则似乎是铁律。如果我们没有得到这些休息，我们的大脑无论如何还是会常常直接休息，在心智上退出工作模式。

事后看来，我在高中和大学的课堂教学中看到了这一原则。当然，在我学会"分块"原则之前，我并没有充分认识到我所看到的情况。我只知道我害怕要给学生上 90 分钟的课。我会看到学生变得目光呆滞，并责怪自己或我的学生——因为他们缺乏参与。当然，事实是，他们负担过重的大脑需要短暂的休息来处理正在学习的内容。

说实话，我现在还在"课堂"中使用这一原则——在研讨会和主题课中为成人提供学习暂停。我已经认识到，如果我违反了这个"规则"——比如，我发现还有 20 分钟就到了吃午饭的时间，然后决定一直保持工作状态直到休息时间——我总是会后悔。我的学生的眼睛开始变得呆滞，大家开始偷看自己的智能手机，寻找消遣或让大脑休息的方法。

我们只编码自己思考的内容

几十年前，托马斯·海德（Thomas Hyde）和詹姆斯·詹金斯（James Jenkins）进行了一项实验，现已成为经典。在实验中，他们要求大学生听一份包含了 24 个单词的单词表，并让其中一些参试者评价这些词是否具有令人愉快或不愉快的含义（例如，"垃圾"的含义是不愉快的）；同时，让其他参试者只是简单地计算单词中的字母数量，或单词中出现字母 e 的情况。之后，研究人员发现，思考单词的愉快或不愉快含义的学生能回想起的单词数量，比那些专注于字母 e 的学生能回想起的单词数量多了 1/3（Hyde，Jenkins，1969）。此外，这些列表还包含了一些密切相关的词（例如，医生—护士），但这些词不一定列在一起。尽管如此，在回忆单词时，关注单词含义的学生往往可以对 67.5% 的单词进行聚类，而不关注含义的学生仅对 26.3% 的单词进行了聚类。

我们又一次看到，当我们遇到新知识时，思考的内容与信息如何在记忆中进行存储有很大关系。要学习任何东西，学生必须专注所学内容的意义——原因、方式和联系。

通过建立联系学习

意义建构，事实上是所有学习行为的核心，是将我们正在学习的东西，与我们已经知道的东西联系起来。因此，我们拥有的原有知识越少，就越难以理解学习的内容。例如，想象一下，我们打开一份报纸并阅读下面这篇文章。

在悉尼举行的第四次测试的首日，切特什瓦尔·普贾拉（Cheteshwar Pujara）在系列赛中的第三个100分将印度在比赛结束时提升到4-303，澳大利亚未能用第二个新球击球。普贾拉周四在比赛结束时完成了130分，当时他在职业生涯最佳系列赛中的最高分极大地推动了印度在澳大利亚成功申办首次国际锦标赛系列比赛（Horne，2019）。

如果你是一个典型的美国读者，你会感到困惑。他们在说什么呀？这篇文章是用英文写的，但为什么会看不懂？你可能会猜测它是在描述某种竞赛。……文章提到了球……也许是与体育运动有关的？为什么我们不能理解所读内容的大体观念和含义？

这是因为我们缺乏原有知识。我们无法将正在阅读的内容与大脑中已经存在的任何心理模式联系起来。如果你来自印度、澳大利亚、英国或任何其他流行板球运动的国家，那么你就可以很好地理解这篇文章。如果你来自这些国家之一，那么将示例文章换成描述美国棒球比赛结果的文章的话，可能同样令人费解（牺牲高飞球长打？那是什么鬼？听起来真可怕！）

或者看一下经济图表（图5.1）。如果我们缺乏关于经济原理的原有知识，我们可能只是看到两条线相互交叉，却无法理解它所展示的内容。然而，如果有人解释一下我们所看到的图表——横轴表示数量（哦，对……有多少东西），纵轴表示价格（好吧，这东西要多少钱）——然后解释图表中的下降线表示价格随着供应的增加而如何下降，上升线表示价格随着需求的增加而如何上升，两条线在均衡价格处相交，那么我们就可以理解这个图表所表达的知识。最好是有人可能会帮助我们将抽象图表与日常经验联系起来——例如，奥特莱斯购物中心的特价商品，反映了上一季鞋子供大于求（哦……这就是为什么所有的荧光绿运动鞋都在打折。数量超过了需求）。

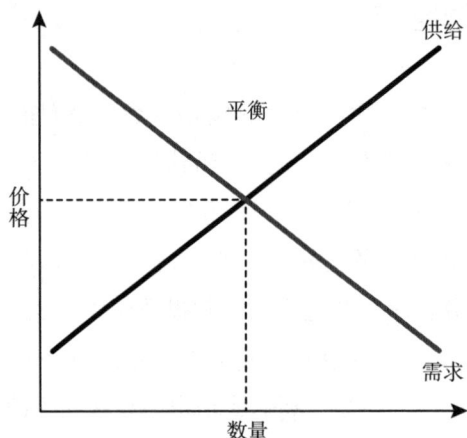

图 5.1　经济学图表示例

交替学习让我们的大脑保持专注

随着学生的大脑开始暂停工作，轶事、有趣的视频或互相聊天的时间通常能让他们重新回到学习状态。可以说，如果休息时间帮助学习者调整了情绪状态，那么这些休息时间就特别有效——顺便说一下，这是一种经典的编剧技巧。人们把电影中（大约 10 分钟长）的短片段称为"场景"，这是电影基本构成要素。根据编剧大师罗伯特·麦基（Robert McKee, 1997）的说法，写得好的场景总会发生"转折"——也就是说，它们会从一种情绪状态切换到相反的情绪状态。快乐变成悲伤，安全变得可怕，黯淡转为充满希望，恨变成爱。例如，某一个场景开始的时候可能是一个男人下班后步行回家，在蓝天下吹着口哨，并高兴地向邻居们挥手致意。他推开前门，放下手中握着的公文包。他的家里没有家具，他的目光被厨房柜台上的一张纸条所吸引："我要离开你了，约翰。"哇：场景发生了转折，这部电影引起了我们的兴趣——至少能让我们再看 10 分钟左右。

事实证明，这些小小的情绪"过山车"是脑科学的具体反映。为了对我们正在观看、学习或阅读的内容保持兴趣，大脑需要源源不断的新刺激——通常是那些具有不同情感效价的刺激——使我们能与正在学习的内容保持关联，或以不同的方式与之关联。例如，当你在课堂上进行了一次严肃的谈话之后，你可能会想要换一个轻松些的个人故事。

或者想象一下：你正在阅读一本关于学习科学的书，你已经读了几分钟了。这是一本较为晦涩乏味的读物——全是和脑科学有关的内容。你的大脑感到越来越累，以至于虽然你的眼睛一直在书页上移动，但思绪已经开始游移。你看书的动作只是像自动运行一般，但你并没有真正吸收书中的内容。但随后，你发现作者提供了一个关于剧本创作的趣闻，并将其与课堂联系起来。这对读者而言是出乎意料的。因此，你会觉得自己又从中学到了一些新的事物。也许你对"分块"的课程内容和在其中加入一些变化会有不同的感受。你的注意力又回来了，准备继续阅读。

欢迎回来。我们可以继续了吗？当我们继续看书的时候，让我们再换个角度来考虑这一切对你的课堂意味着什么。

理解意义：课堂工具箱

以下的一些编码原则，指明了一些经过验证的策略，我们可以将这些策略加入课时和单元的设计中，以帮助学生将学习内容聚类和连接到有意义的模式中。与其他工具箱中的其他策略一样，你可能已经在课堂上使用了其中的许多策略。然而，与学习过程的其他阶段一样，了解这些策略如何支持学生处理和理解正在学习的内容，可以帮助你在课堂上更有效地运用它们。

把学习内容"分成"多个部分以支持信息加工

在为学生设计学习体验时，要让他们有机会暂停，以及对所学内容进行处理，这是很重要的。这意味着让学生建立联系，发现异同，思考并与他人讨论所学知识。在这里有一个好的经验法则要遵循，对低龄学习者来说是 5 分钟，对大龄学习者来说则最多不超过 10 分钟。如果你发现自己讲述的时间超过了 10 分钟，那么大概是时候停下来，让学生处理一下正在学习的内容了。学生的大脑会为此感谢你。当然，这并不意味着你正在暂停学习——绝非如此。相反，你是让学生有机会将他们正在学习的内容编码到记忆中。正如你将看到的那样，你可以借鉴几种基于研究的策略来帮助学生进行富有成效的停顿。

提出探索性问题

据估计，教师会把 35%—50% 的课堂时间用于提问，这相当于每天大概有 300—400 个问题（Leven，Long，1981）。然而，在许多课堂上，大部分问题往往都是低水平的回忆性问题。此外，所有这些问题往往都是教师提出的，而学生则是被动地回答这些问题，因此这些问题并没有促进积极的课堂对话。提出错误类型的问题，会使课堂变得类似于电视游戏节目一样，只有少数学生会机械地重复回答那些没人关心的问题，而其他人则毫无反应。然而，正确的问题可以让所有学生参与对话，并使你的课堂变成一个充满活力的学习环境，学生可以在这个环境里探索各种想法，深入思考学习内容，并学会提出自己的问题。

事实上，对数百项研究的元分析证实，如果使用得当，问题可以成为一种非常强大的教学方法（Beesley, Apthorp, 2010; Marzano, 1998; Schroeder, Scott, Tolson, Huang, Lee, 2007; Sencibaugh, 2007），尤其是当学生学会提出自己的问题时——也就是说，引发他们对所学内容的好奇心（Rosenshine, Meister, Chapman, 1996）。回顾一下，在这个学习阶段，我们希望学生能够对正在学习的内容进行思考。好的问题可以帮助他们激活原有知识，明白各个概念是如何联系起来的，了解事物的运作方式以及为什么如此，并检查他们对所学内容的先入之见（和误解）（Bransford, Brown, Cocking, 2000）。我们可以通过提出探究性问题，包括"为什么""如何做""如果怎样"，以及"你如何知道"类型的问题，来帮助学生形成一些更深入的见解（Pomerance et al., 2016）。

要做好这件事，我们必须预先计划好我们的问题——事先确定我们将如何让学生对学习内容进行思考。表 5.1 提供了几种可以帮助学生理解学习内容的问题的类型 [大致依据布卢姆（1956 年）的教育目标分类法] 和题干。

表 5.1　深度问题和题干

类型	目的	题干
理解和了解	帮助学生将各个概念联系起来，包括把新知识与原有知识联系起来	• 你会如何用自己的话来描述？ • 这与……有何相似（或不同）之处？ • 你会如何解释为什么？
应用和迁移	鼓励学生以新的方式运用所学知识	• 你还可以在什么地方应用它？ • 你可以通过……形成什么样的个人联系？ • 你会使用什么方法？
分析和关系	鼓励学生进行推理并识别关系	• ……和……有何相似之处？ • ……之间有什么关系？ • 你将如何分类？
综合与创造	鼓励学生提出创造性的观点、问题的解决方案或预测	• 有什么更好的方法？ • 有什么可能的解决方案？ • 你认为如果……会发生什么？
评估性问题	学生对信息或想法的有效性做出判断	• 你将如何说服某人？ • 你认为……是一个好主意还是坏主意？ • 如果……你会怎么做？

亲身体验：不想举手

◇研究表明，在很多课堂上，只有少数学生愿意主导对话——所遵循的规则接近于 80∶20 法则，即 20% 的学生负责了 80% 的与教师互动。

◇这意味着，大多数学生可能没有采取什么措施来加工正在学习的内容。想要让所有学生都来了解所学知识，可以用定向问题（要求个别学生回答问题）来代替非定向问题（向全班提出问题，并要求想回答问题的学生举手）（Walsh，Sattes，2005）。

◇由英国教师帕姆·费恩利（Pam Fearnley）研究并由迪伦·威廉（Dylan Wiliam）（Mc Gill，2011）倡导的一种方法，可以做到这一点，这种方法被称为"提出、暂停、突袭、反弹"。首先，你向所有学生提出一个问题，然后在等待超过 3 秒后，"突袭"某一名学生要求其回答问题，最后（再次使用等待时间）将问题"反弹"给另一名学生。

然而，这类深度问题在许多课堂中通常并不常见。例如，研究发现，在大多数课堂中，大约有 60% 的问题属于低层次问题，20% 属于高层次问题，还有 20% 属于程序性问题（Cotton，1998）。提出一连串这样的问题，很少能让学生参与到更深入的学习中。最好精炼一些问题，而且是一些恰当的、更深思熟虑的问题；设计这些问题可能更具挑战性，但他们最终会事半功倍，因为你不需要想出太多问题。

提问后提供等待时间

与深度问题密切相关的第二个理念很简单，那就是：在提出问题后等待几秒钟，在学生回答问题后再次等待几秒，然后再请另一个学生回答。玛丽·巴德·罗（Mary Budd Rowe，1986）在聆听长达数小时的师生互动录音时，听到了大多数课堂里学生与教师之间连珠炮似的对话。教师接二连三地向学生提出问题，而学生则快速回以简短、简略和通常简单的答案。然而，在少数课堂里，教师提出问题后出现了长时间的停顿，然后学生才作出回答。结果，学生在回答时更加慎重，并且花时间整理自己的思绪。罗开始使用秒表来测量这些提问后的停顿时间（她称之为"等待时间"），并发现——无论是在教师提问之后还是在学生作出回答之后——当停顿时间多延长 3 秒或更长时间时，学生的回答时间，比在教师几乎没有提供任何等待时间的课堂上学生的回答时间长 3—7 倍。

此外，罗还发现，当教师没有中断学生的回答时（在学生每次回答后等待几秒），学生会更有可能用证据和逻辑论证来支持自己的回答。有趣的是，在等待时间较长的课堂上，学生也开始提出自己的问题，提出假设并提议进行新的实验，并在丰富的对话中相互交流。另外，罗观察到，在等待时间短的课堂上，大多数互动都来自少数学生，他们就像游戏节目的参赛者一样，随时准备好回答老师的问题。在等待时间较长的课堂上，会有更多的学生参与进来。罗还观察到，等待时间有助于学生更加投入地学习，并且对所学内容更加好奇。有一位五年级学生，他的老师用了更长的等待时间；罗引用了这位学生的话，他说："这是我上学以来第一次有人关心我的真实想法，而不仅仅是我所说的话。"（1986，第44页）正如罗所说，"在安排了更长的等待时间后，我们看到了一些以前'无法看到'的人"（第45页）。

应用小组合作帮助学生进行知识处理

在把合作学习作为一种学习策略进行研究之前，我必须承认，作为一名教师，我曾经认为这是一个愚蠢的想法。对初学者来说，我在学生时代曾经看到，所谓的合作学习最后变成一两个孩子做完了所有的工作，而其他孩子则不劳而获（我知道，因为我也是那些不劳而获的人之一）。当了教师后，我也曾经看到，小组作业脱离了正轨——课堂变得一团嘈杂，也不清楚是否有人真的在学习。

因此，如果你对小组工作有自己的担心或疑虑，我表示理解。你可能会像我一样，想知道它是否真的有效。然而，正如布兰斯福德（Bransford）及其同事（2000）在他们的开创性著作《人是如何学习的》一书中指出的那样，如果有人问，像合作学习这样的策略，是否比个人学习更有效，这实际上是一个"错误"的问题——这就像"有人在问，哪种工具最好呢——锤子、螺丝刀、刀子还是钳子？"（第22页）。我们更应该问的是，像合作学习这样的策略，什么时候用效果最好？

事实证明，采用合作学习的最佳时机之一正是现在这个学习阶段，此时学生正在处理所学的知识——也就是说，你在聚焦新知的学习阶段很可能已经教给了他们知识。那是因为，首先，人类是社交型学习者——从在最早期的时候问我们的邻居如何生火，到现代问朋友们城里新开的披萨店好不好。

实际上，研究表明，合作学习的一个主要好处是，它为学生提供了与同龄人"讨论"材料的机会，因此这种学习方式比单独阅读或听力训练更深入、更丰富（Johnson, Maruyama, Johnson, Nelson, Skon, 1981）。对各种概念或问题的解决方案进行讨论，有助于学生意识到自己用了什么策略来获得答案，并在以后更好地记住新的知识和技能。换句话说，同伴对话是帮助学生处理或理解所学知识的好方法，但在刚遇到新知识时却是一种无效的方法（Stevens，Slavin，Farnish，1991）。

然而，在我和同事观察各个课堂时，我们经常看到，学生在进行小组作业时，最多也只有一个模糊的目的——例如，分成小组坐在一起阅读某一本书的某一章内容。换句话说，我们看到学生是在聚焦新知的学习阶段参与合作学习的，但是在该阶段，直接教学、示范，以及将已解决的问题与未解决的问题交替进行等策略效果更好。换言之，教师可能在错误的时间使用了"正确"的策略——类似于使用钳子将钉子嵌入木板。

作为一名教师，要经常问一些诸如"我为什么要让学生分组活动？我希望他们在进行小组学习时思考和谈论些什么？他们将学习或一起做些什么事情，而这些事情如果他们个人单干或全班一起做则无法有效完成"之类的问题，这是很重要的。教师要牢记这些问题，同时这里有一些行之有效的活动，可以帮助学生在小组合作中理解所学的知识。

苏格拉底式研讨会。在仔细阅读课文后，让学生围成一圈坐下。提供深思熟虑的开放式问题，帮助他们思考自己学习的内容（例如，"作者的观点是什么？你有不同的观点吗？"）。你可以通过使用"提出、暂停、突袭、反弹"的方法，让每个学生都参与内容丰富的对话，以识别关键概念、分析论点并讨论对课文的感受。

最终议定书。这种小组讨论策略最适用于引发多种观点的课文或知识。4人一组，每名学生花1分钟时间回答你提供的一个高阶问题，而其他学生则边听边做笔记。1分钟后，由另一名学生分享自己的想法，而其他学生则做笔记。每轮最后一个发言的学生获得"最终决定权"。发言顺序在随后的轮次中切换，好让每名学生都可以最后发言。在4轮之后，小组确定出3个关键问题与全班同学进行分享。

正当的便条传递。在这个简单的策略中，学生们对发人深省的问题写下简短的回答，然后将他们的回答相互来回传递。

思考配对分享。向学生提出一个高阶问题。然后让他们进行思考（或许还可以提供书面回答）并与邻座的同学分享自己的想法。

互惠教学。在学生独立阅读课文后，创建由4名学生组成的小组，每名学生都有一个角色：总结者、提问者、澄清者和预测者。学生根据自己的指定角色轮流指导讨论，小组学生互相帮助理解课文。

帮助学生识别异同

比较和对比是一项非常重要的思维技能，它可以帮助学生通过对概念进行聚类和分类来理解正在学习的内容。例如，学生可以按照性格、动机、优点和缺点，对已读完的小说中的主要人物进行分类，或者确定导致革命的共同政治、文化和经济条件。研究表明，识别异同的心理过程，有助于学习者获得新的见解、得出推论、提取概括，以及改进心理模式（Holyoak，2005）。向学生展示各个概念如何相互形成对比，也有助于他们注意到新特征，并确定哪些特征与概念最相关（Bransford et al.，2000）。例如，他们可能会看到寡头统治与独裁统治有许多相同的特征（权力集中），但有一个重要区别——将权力集中在少数人手中，而不是仅仅集中在一个人手中。

在《有效的课堂教学》（Dean et al.，2012）中，我们将相似点和不同点描述为很广泛的一类教学策略，其中包括以下教学（和思维）策略。

◇比较：识别事物或概念之间的相似性（例如，鸭子和企鹅都是水生鸟类）。

◇对比：识别事物或概念之间的差异性（例如，鸭子可以飞；企鹅不能）。

◇分类：根据共同特征将事物分类（例如，鸭子和企鹅都属于鸟类）。

◇创建比喻：识别某一概念的一般或基本模式，然后在另一个最初看起来不同的主题中找到相同的一般模式（例如，鸭子就像水上飞机，因为它们可以在水上飞行和降落）。

◇创建类比：识别概念对之间的关系，把 A 与 B 的关系描述为 C 与 D 的关系（例如，鸭子与企鹅的关系，就像水上飞机与两栖车辆的关系）。

通过帮助学生将原有知识与新知识联系起来，分析相似概念之间的差异，并从具体的例子转到抽象的概念（反之亦然），所有这些策略都能帮助学生理解所学内容，运用他们已经知道的知识作为跳板，从而更深入地处理新的知识。

事实上，研究人员指出，这些心理过程在许多方面是所有学习行为的核心（Bransford et al.，2000；Chen，1999；Fuchs et al.，2006；Gentner，Loewenstein，Thompson，2003；Holyoak，2005）。当我们学习任何新知识时，一般来说大脑都必须问："这些知识和我已经知道的知识有何相似之处？"如此，我们会为所学的内容创建一个心智模式（例如，所有的鸟都有翅膀）或者在现有的心智模式中添加新的内容（例如，所有的鸟都有翅膀，但不是所有的鸟都会飞）。

有两项 McREL 元分析已经发现并证实，该策略是你可以在课堂上使用的最强大的工具之一（Beesley，Apthorp，2010；Marzano，1998），其影响效果相当于在标准化考试（100 分制）中让学生成绩提高 25 分。但是，教师必须对这些过程进行指导，这是很重要的。也就是说，激活学生的原有知识，却没有帮助他们在新知识和原有知识之间建立联系，只能对他们的学习产生中等影响（Ling，Chik，Pang，2006；Schwartzetal，2006）。

同样，如果教师没有提供指导或示例，却只是简单地要求学生创建类比，对学习的影响会很小或根本没有影响（BouJaoude，Tamin，1998）。另外，人们已经发现，让学生有机会在教师的指导下进行深入思考，以及与同伴一起讨论类比，对学习有显著影响（Baser，Geban，2007；Chen，1999 年；Mbajiorguetal.，2006；Rule，Furletti，2004）。所有这些研究结果表明，作为一名教师，在帮助学生在原有知识和新知识之间建立联系，以及指导学生，并让他们进行有助于理解知识的讨论方面，你可以发挥重要的作用。

邀请学生总结所学知识

另一个对理解知识似乎至关重要的心理过程是，对我们所学的知识进行总结。研究表明，当学生总结新的学习内容时——也就是说，当他们对信息进行分类、选择、组合和重新表述时——他们会显著提高对学习内容的理解（Boch，Piolat，2005）。事实上，做笔记能够成为一个这么有用的策略，大概便在于总结。在做笔记时，学生必须对他们听到和观察到的内容进行筛选，以识别一些关键概念，再以合理的方式对它们进行整理，并通过写下来对其进行编码。因此，McREL 对教学研究的元分析（Beesley，Apthorp，2010）发现，总结与做笔记结合起来时特别有效，对学习的效果量（0.90）比单独总结（0.32）更大，这也许就不足为奇了。

然而，值得注意的是，当教师为学生提供直接的总结指导时，总结对学习的影响更大——例如，教师向学生展示，如何从讲座或阅读材料中识别出关键概念，将其进行分组，并提炼成要点（Kobayashi，2006）。与许多其他策略一样，总结通常在与其他策略结合使用时效果最好。就像添加到冰沙中的蛋白粉一样，总结似乎是做笔记、互惠教学和精细复述（我们将在下一章讨论这些策略）的一个关键因素。这里有一些方法，可以帮助学生进行总结，从而理解所学知识。

教学生如何总结。在总结时，为学生提供可以仿效的规则或步骤，有助于揭开这个过程的神秘面纱。具体来说，要向学生展示：① 如何排除对知识理解没有帮助的材料；② 如何忽略冗余信息；③ 如何用分类描述符来替代列表（例如，用鸟类替代鸭子、企鹅和鹰）；④ 如何找出或起草主题句或论点。

为学生提供摘要框架。研究表明，帮助学生了解信息的结构，有助于他们更好地总结和记住新材料（Broer，Aarnoutse，Kieviet，vanLeeuwe，2002；Meyer et al.，2002；Meyer，Poon，2001）。要做到这一点，其中一种方法是为学生提供突出特定类型文章关键要素的"总结框架"或问题，如表 5.2 所示。

让学生参与整合所学知识的写作任务。遵循"只有知道自己在写什么，我才知道自己在想什么"这句格言，研究发现，写作能够帮助学生对新知识进行更深入的思考。例如，朱迪思·朗格（Judith A.Langer）和瑟·艾坡毕（Arthur N.Applebee）在一项小型但深入的研究中提供了初步证据（Langer，Applebee，1987），表明精心设计的写作作业，能够帮助学生对新知识进行更深入的处理。他们对 6 名使用"有声思维"的学生进行监测，以了解学生利用做笔记、学习型问题和撰写分析性文章的方法在阅读与复习社会研究课本时的思考内容。在回答学习型问题时，学生进行了碎片化、低水平的识别和回忆。在做笔记时，他们专注于更多内容，但未能将其整合到更大的概念中。只有在写文章时，他们才会进行批判性思考——综合、假设和评估各种概念。

表 5.2　总结框架及提问

类型	问题	案例
叙述	• 主要角色是哪些？ • 故事发生在何时 / 何地？ • 什么冲突引起了故事中的情节？ • 主角如何应对冲突？ • 结果或后果是什么？	• 蒙特雷索和福尔图纳托 • 在蒙特雷索的地下墓穴中 • 福尔图纳托说 / 做过些什么（但我们不知道是什么），所以蒙特雷索想要报复他 • 福尔图纳托意识到自己处于危险之中，但为时已晚 • 蒙特雷索将福尔图纳托活埋了
主题—限制—例证	• T：总体陈述 / 主题是什么？ • R：哪些信息限制或缩小了总体陈述或主题？ • I：哪些例子说明了限制？	• 鱼 • 鱼有脊椎，是冷血动物；大多数有鳃、鳞片和鳍 • 海豚是温血动物——因此，它们不是鱼
定义	• 给什么东西下定义？ • 它属于哪个类别？ • 哪些特征将它与一般类别中的其他事物区分开来？ • 正在定义的项目中有哪些不同类型或类别？	• 寡头政治 • ……是一种政府 • ……代表了少数人的规则，而不是多数人或一个人的规则 • 盗贼统治通常是寡头政治；掌权者为贪污腐败的人或罪犯
论证	• 主张：提出了哪些基本观点或要求？ • 证据：提出了哪些实例或解释？ • 限定条件：是什么限制了该主张，或者有什么证据反驳了该主张？	• 赌场对穷人征收不公平的累退税 • 大多数顾客收入低且有赌博问题 • 赌场为包括弱势群体在内的许多人提供工作和收入

续表

类型	问题	案例
解决问题	• 存在什么问题？ • 有什么可行的解决方案？ • 有什么其他可行的解决方案？ • 哪种解决方案最有可能成功？为什么？	• 塑料吸管危害水生生物 • 我们可以禁止吸管 • 我们可改用生物降解塑料吸管 • 使用生物降解塑料吸管，因为改变习惯比消除习惯更容易
对话	• 问了哪些问题？ • 是否陈述了事实和 / 或有争议？ • 是否提出了请求 / 要求？ • 是否提出了表扬 / 称赞？ • 谈话是如何结束的？	• 采访者询问孩子们使用产品的情况 • 首席执行官说公司没有向孩子们出售产品 • 采访者指出产品的口味对孩子很有吸引力，并要求道歉 • 首席执行官说他为孩子们感到难过，但自己没有做错任何事

来源：*Classroom Instruction That Works*: Research-Based Strategies for Increasing Student Achievement, Research-Based Strategies for Increasing Student Achievement,2nd Edition,（《有效的课堂教学：提高学生成绩的研究型策略》（第 2 版），C. B. Dean，E. R. Hubbell，H. Pitier，B. Stone，2012，Alexandria, VA: ASCD。McREL 2012）版权所有。经许可采用

大概念：花时间理解意义

值得注意的是，帮助学生理解学习内容的最好方法，并不是向他们展示新概念或技能是如何分类、并列或与他们的原有知识联系在一起的，而是让他们自己提出与处理所学内容有关的问题——例如，"这些概念是如何联系起来的？它们有何不同？这项新技能和我已经会做的事情有何相似（或不同）？"在这里，你又一次利用了他们天生的好奇心，来帮助他们建立这些联系。

当然，对一些教师来说，花时间将学习内容分成几个部分，并停下来让学生理解学习内容，可能看起来像是一种负担不起的奢侈——尤其是当你觉得你已经有太多东西要讲，或上级管理人已经在催你快点的时候。如果你有这种感觉，请暂停片刻，让自己了解一下真实的情况。

首先，你可以重新审视你试图硬塞进课程的所有内容——这一切都是必要的吗？或者你可以把一些内容的范围缩小一点，换成一些更深刻的内容？同样，你可以检查一下你的速度。在某些可以更有效地介绍或建模的主题或技能上，你是否分配（或无意中花费）了太多时间？我们经常有一些自己特别喜欢用到的想法、趣闻和活动，但有的时候，经过进一步思考，我们发现它们可能不是帮助学生学习的最有效或最高效的方式。因此，我们或许可以在学习的早期阶段加快步伐——例如，在我们

帮助学生对学习内容产生兴趣时和 / 或在聚焦新知阶段的直接教学上少花些时间，为学生腾出更多时间来理解学习内容。

如果你已经这样做了，但仍然觉得没有时间让学生停下来处理学习内容，我们鼓励你与同事或上级管理人分享这本书及其中的研究，让他们参与让学生有时间理解学习内容的重要性的讨论——尤其是考虑到在学完后 30 天内，学生往往会忘记他们在学校所学内容的 90%（Medina，2008）。因此，可能值得一问的是："如果我们教的内容少些（但更深入些），学生实际上学到的会不会更多呢？"与同事一起合作，你就很可能可以确定一些需要从课程中删减的主题或领域，这样你就可以让学生参与到更深入的学习中并且巩固知识。

毕竟，给学生充足的时间来理解学习内容，对他们的理解力、记忆力和参与深度学习的能力至关重要，并帮助他们在《百战天龙》（*MacGyver*）之后学到比《百战天虫》（*MacGruber*）更多的东西，在时间用完之前把正在学习的知识整理到一起。

第六章
练习与反思

　　你们大概都有过这样的经历，在很长一段时间后回到一个熟悉的地方，比如以前的社区或家。在走上老街或踏进老房子的瞬间，很多忘却已久的记忆都涌了回来：邻居和旧友的名字，树干上刻着的恋人姓名的首字母，祖母做的曲奇饼的味道。有时，整个经历和记忆的冲击是非常强烈的，它令人快乐、悲伤，或者惘然若失。

　　几年前我就有过类似的经历，那是我时隔 25 年后重返我的大学母校。大学毕业后，我的人生旅程指引我离开了上学的城镇、州和地区，直到我的大女儿表达了想参观大学的愿望，我才迫不及待地和她一起回到了学校。在刚回校园的短短几分钟内，记忆就如潮水般涌上心头——同学的名字、教授的名字、兄弟会哥们儿的名字，还有多年未曾想起过的朋友的名字。一些回忆是好笑的，比如我的朋友郑重其事地用楚巴卡①的声音试图和学校吉祥物（一只真熊）进行交流。有一些回忆是悲伤的，比如在月光里的一棵大玉兰树下哀叹我的单相思。

　　不过，当我给一些大学好友发短信回忆往事（哈哈哈！）和大学二年级的一些寻欢作乐时，我发现了一件有趣且出人意料的事情。虽然有些记忆在我的脑海里是非常清晰的，但在我朋友们的印象中却有些模糊。而当他们发短信告诉我一些他们的记忆时，我有时能隐约想起一点遗忘已久的事，但更经常的是，我对他们所说的事情已经毫无印象了。不，酒精（大多数时候）不是造成我们记忆模糊的原因——我们只是保留了不同的记忆。

　　在接下来的两章中，我们将讲述大脑如何储存和提取长时记忆，它是怎样一个令人沮丧的、反复无常且难以捉摸的过程。在有限的精力里，有些记忆深深地印在了我们的脑海中，包括那些我们过一阵忘记了的（比如一首恼人的歌、一次不友善

---

　　① 楚巴卡（Chewbacca）是《星球大战》系列作品中的人物，体型高大、身披毛发。

的交流、一句令人遗憾的评论）。与此同时，另一些记忆，即便我们渴望保留它们，也会像盛开的玉兰花一样迅速凋零（比如爷爷的笑声是怎样的，我们把钥匙放在了哪里，莎士比亚的哪部戏剧写到了"绿眼睛的怪物"）。

一些记忆被深深埋藏在了我们的脑海中，直到一件相关的事情松动了裹住记忆的土壤（就像我在穿人行道时猛然想起多年前的一件怪事：当时我骑着自行车穿过校园，一只松鼠突然撞向了我的自行车）。另一些记忆，即便我们尽了最大的努力，似乎还是荡然无存（就像"对不起伙计，我不记得在哲学入门课上坐在后排的那个穿着袜子和凉鞋的孩子了"）。这些记忆让我们想弄明白它们是如何消失的，还是我们一开始就没有记住它们。

那么，为什么这些对我们教育工作者来说很重要呢？因为我们的工作是帮助学生把信息转化成记忆，并且希望我们今天在课堂中教给学生的东西，能在明天和遥远的未来让他们受益。正如前面提到的，研究发现，学生通常会在一个月内忘记他们在学校里学到的东西多达 90%（Medina，2008）。你可能在学生时代也有过类似的经历，比如你为了期末考试而重新学习一两个月前学的内容。你也很可能感受过那种无法把一些东西烙进记忆中的挫败感（比如《普莱西诉弗格森案》①设立的判决先例，或者台词"这是一个愚人所讲的故事，充满了喧哗和骚动"②的前一句）。

为什么会发生这种情况？为什么有些记忆会被留存下来，而有些会褪去？为什么我们可以储存一些记忆却无法提取从而找回它们？或者当我们想起它们时为时已晚，比如在那场期末考试之后？

我们将会看到，很多我们以为的、将新学习存入大脑以供稍后提取的方法，其实是错误的。有时这个过程可能比我们想象的更简单，有时它要复杂得多。我们将会探索到一个关键原则：储存和提取记忆其实是两个不同的过程，需要不同的程序和条件来实现。我们将讲解如何帮助学生在大脑中储存信息，以及如何提取信息以备后用。具体而言，我们将找出一些行之有效的方法来保存住新的记忆，以防它们在夜间被过度热心的大脑清洁工（通常在我们睡着时出现）看作是无用的信息，从而被清除出我们的大脑。

---

① 《普莱西诉弗格森案》（*Plessy v. Ferguson*）的判决维护了 1896 年后美国种族隔离政策的合法性，直到 1965 年《布朗诉托皮卡教育局案》（*Brown v. Board*）推翻了该政策。

② 莎士比亚的戏剧《麦克白》中的经典台词。

牢固嵌入记忆的科学

到目前为止的学习过程中，你已经帮助你的学生产生兴趣并投入学习。他们也聚焦于新知学习，吸收着新信息，并通过对信息进行整合形成连贯的模式，理解学习的意义。然而，这个过程还没有结束——现在我们必须帮助学生把学习内容牢牢嵌入记忆中，以便他们日后记起。让我们先来仔细看看，我们需要做什么来确保新知识留在记忆银行的保险库中。

重复、重复、重复

一般来说，新学习是否可以在长时记忆中找到一个永久的家，取决于我们的大脑是否会与新学习进行不止一次的"约会"。如同上一章所述，记忆不是整齐地存储在单个神经元或大脑的某一个角落，而是分散在很多神经元上，彼此由众多神经通路连接，形成一个杂乱的神经元网络。当我们回想一段记忆时，我们重新激活所有连接着相关神经元的神经通路。并且，在重新激活的过程中，大脑会在这些神经通路周围包裹上一层绝缘层，称为髓鞘质。就像电线周围的绝缘层可以帮助电荷更顺畅地移动，髓鞘质涂层可以让我们更容易再次激活这些神经元。

所有这些都将我们引向记忆阶段的第一个关键原则：重复、重复、重复。

这条原则基本上是无法回避的。如果你想记住某件事，你必须在脑海中重复这段记忆——很多次。例如，研究表明，学生需要演练一个新技能至少 24 次才可以达到 80% 的能力（Anderson，1995）。

然而，也正如我们将看到的，就像任何过程一样，这些重复的质量和它们的数量同样重要（如果不是更重要的话）。你确实需要与新学习进行不止一次的"约会"，但就像所有成功的求爱一样，这些约会应该是增加复杂性（从肤浅进入深度联系）的好约会，而不是简单地重复之前的体验（一起吃晚饭、看电影……又来一次？）

事实证明，在刚学完一个新知识或新技能之后，简单的重复是必要的，但这对长时记忆来说还不够。比如你想用一门外语说"早上好"，那么在你流畅地对一个外国人说它之前，先重复演练多次是有益的。在国外工作时，我会死记硬背当地语言中的一些必备词汇，比如"你好""再见"和"谢谢"，但很多时候，当我一回家，这些增长的词汇量就消失了。

我难以把这些词汇保留在记忆中，这件事反映了一个重要的实践准则：尽管死记硬背有助于短期记住新学习内容，但这只是一种短暂的学习。两位研究死记硬背的认知科学家说过："学得快，忘得快"（Roediger，Pyc，2012，第 244 页），这正引出了我们要在长时记忆中储存新学习内容所需要的下一个原则。

分散练习：再次浇筑"记忆水泥"

你在第一章中读到过赫尔曼·艾宾浩斯（Hermann Ebbinghaus，1885）的研究结论。早在那时他的研究就已经表明，将学习内容编入长时记忆的最佳方法，就是在好几天甚至好几个星期内间隔安排多个练习环节。事实证明，填鸭式学习也许是短期学习的好方法，但它却是长时记忆的最差办法。例如，研究者要求两组高中学生学习了 20 对法语和英语的词汇（比如法语 l' avocat 和英语 lawyer），其中第一组进行了一次 30 分钟的集中学习，第二组在连续 3 天中进行了 3 次 10 分钟的分散学习（Bloom，Shuell，1981）。结果，在那一周结束时，两组学生在测试中表现相当。然而，在仅仅 4 天后的再次测试中（不做进一步的练习），分散练习组的学生表现得明显更好，他们保持了对大部分新词汇的记忆，而集中练习组的学生忘记了大概 1/3 他们前两天还知道的词语。

几天内的重复练习能帮助学生将新学习内容更深刻地录入大脑中。认知科学家相信这是因为集中练习可能会促进提取新学习内容，而非储存新学习内容（Bjork，Bjork，2011）。基本上，在单个练习环节中的不断重复会让我们的大脑创造出一种"知道的幻觉"（Brown et al.，2014）。我们以为新知识已经印刻在记忆中，但这有点像我们去往一个不熟悉的地方却只知道一条路———一旦我们掉转了方向或者偏离了熟路，我们就会迷路。

然而，如果我们在一长段时间里进行分散练习，在重复的练习环节中不断重温记忆，我们的大脑就会不断重新激活起初录入这个记忆的神经元网络，从而将记忆带回到最初的、可影响的状态，允许大脑将更多的想法、情感和记忆与之关联。这样就形成了一个更加复杂的网络，使新学习内容更牢固地嵌入并储存在记忆里（Medina，2008）。

举个例子，当我们第一次见到那对法语和英语单词 l'avocat 和 lawyer 时，我们可能会看到和读出这个法语单词，从而创建对这个词的视觉记忆。第二天，当我们在脑海中回顾这个词的写法和发音时，我们加强了对它形和音的记忆。与此同时，我们还可能会想起安娜姑姑是一位律师，因此将她的脸和名字与这个词语联系起来，形成了"安娜律师"（Anna l'avocat）。第三天，我们再次学习这个法语单词，回顾它的形和音，同时想到了安娜的样子（进一步加强了所有的神经连接）。我们可能还会想起安娜有一只猫，于是创造出一个帮助记忆的小工具（称为助记技巧）：安娜律师喜欢猫（Anna l'avocat loves a cat①）。这样一来，几天后，当我们面对一个突击测验，叫我们说出"律师"的法语单词时，l'avocat 很容易就会出现在脑海中。

所有这些都很重要，因为认知科学家已经发现，我们为一个新记忆创建的联系越多，我们就越有可能储存和提取它以备后用（Medina，2008）。比如一开始，为了一个新学习内容，我们只以一种简单肤浅的方式在脑海中浇了一层记忆水泥。而通过为这个新学习再次浇筑水泥，夯实混凝土，我们才能更好地记住它并在以后回忆起来。诚然，我们有可能在学习的第一天就产生了上述所有对 l'avocat 的联想，但仅仅一天内的记忆关联可能会变得脆弱并逐渐消失。所以我们最好还是多建立几层关联，多浇几层记忆水泥。

混合练习会更难（也会更好）

青少年时期，我花了无数时间在我家车库里一个生锈的篮筐上投篮。我在车道上画了一条和罚球线距离一样远的投篮线。我反反复复地在这同一个位置投球，希望能提高我的罚球命中率，从而提高我进入篮球队的机会。如果这一球投得太近了，我会在下一球时多加点劲。如果那一球撞在了篮板上或者太偏左了，我就会相应地调整接下来的投篮。所有这些球都是站在车道上的同一位置投出来的，有时一次练习有多达 100 次投球（这样我可以很容易地计算我的命中率）。

尽管我很勤奋，我还是没有进篮球队。我确信这和我约 41 千克（90 磅）的瘦弱身材有关。但现在，事后看来，这一结果和我的练习方法也有关系——我的练习方法正是被研究证实的错误方法。虽然我在一年里分散地练习投篮，但如果我想让投篮的肌肉记忆增长得更快，我其实不应该总是在同一位置投球。我应该在车道上的不同位置练习，这被研究人员称为交替练习。

克尔和布思（Kerr，Booth，1978）在一项研究中观察了 64 名 8 岁和 12 岁的儿童，要求他们练习向一段距离外的桶中投掷沙袋。一组儿童单一练习扔进 0.9 米（3 英尺）外的桶里，另一组儿童交替练习扔进 0.6 米（2 英尺）和 1.2 米（4 英尺）外的桶里。在 12 周后的最后一项测试中，要孩子们将沙袋扔进 0.9 米外的桶里。结果，虽然交替练习组从未练习过这个距离，而单一练习组只在这个距离练习过，但是交替练习

---

① 律师的法语词 l'avocat 中含有与猫的英语词 cat 相同的字母。

组的表现更胜一筹。

这是为什么呢？研究人员认为，通过混合练习，交替练习组对这项活动有了更好、更强的理解和感觉。通过计算在两种距离扔沙袋的最佳弧度、速度和手的动作，他们能更好地从任何距离掷袋入桶。

之后的研究发现，混合练习效果更好这一原则也适用于学术学习。在进行交替练习时，一开始的学习可能会慢一些，但是它所带来的学习成果会比简单地重复练习同一个知识或技能要好得多（Rohrer，Pashler，2010）。例如，在一项研究中（Taylor，Rohrer，2010），四年级学生学习了如何根据棱柱体的底面数量来计算它的面、边、角和角度。之后，一半学生实行传统的单一练习模式：先练习同一类型的问题，再练习下一种。另一半学生进行交替练习：将不同类型的问题混合在一起做。

第二天，两组学生都接受了测试。单一练习组表现得更好，他们能回忆起将近100%的学习内容，而交替练习组只回忆起70%。又过了一天，再次测试时，交替练习组的表现则超过了单一练习组，他们甚至比前一天做得更好，回忆起将近80%的学习内容，而单一练习组的记忆却少得不到40%了。也许更重要的是，当研究人员观察学生的错误类型时，他们发现交替练习组学生犯的"辨别错误"更少，也就是说，他们更少把一种类型的问题错当成另一种。

简而言之，在单个环节中混合练习似乎能使我们的大脑更努力工作，做出细微调整，并反思我们正在做的事情。例如，基于我们是在车道中央、垃圾桶后面还是邻居的花坛边投篮，我们必须重新调整投篮的力度和弧度。同样地，当我们在解决不同类型的数学问题时，我们必须停下来想一想要使用什么计算策略来做分数除法、小数乘法、分数加法（或计算棱柱体的角度、边和面）。通过这些研究人员所说的"合意难度"（Bjork，Bjork，1992），我们开发更丰富的大脑神经通路，提高在现实生活中的表现。在现实里，我们很少整天遇到同一个类型的问题，也不太可能在篮球场上碰到慷慨的对手，允许我们一直在同一位置投篮。

一般来说，交替练习不是课堂里和教科书上的常规操作。学生和老师通常认为集中练习是有效的，特别是大量的重复练习。然而这会让我们产生幻觉，以为自己已经掌握了一些我们其实还没有掌握的东西。在现实中，通过让学生在单个练习环节中解决混合类型的练习和挑战，让他们的大脑努力工作，其实可以让学生获益更多。

地点、地点、地点

在回访母校时，我回忆起校园里我最喜欢的学习地点：橡树下的秋千，玻璃彩色花窗光影里的图书馆书桌，还有俯瞰学生会大楼中庭的阳台桌子。为了减少学习的乏味，我没有像常人一样固定在同一个不受打扰的地方学习，而是选择带着我的书去校园各处隐秘的学习角落。在这样做的过程中，我无意中使用了一个被认知科学家证明为更有效的、可以深刻录入记忆的方法——在不同的地点学习（并再学习）。

事实证明，我们学习某样东西的地点会成为新记忆的另一种关联，从而成为之后提取该记忆的一个引子。例如，当我们试图回忆伊曼努尔·康德的"定言命令"①的细节时，脑海中可能浮现出我们在斑驳的橡树树荫下阅读康德文章的样子，这便为我们从记忆深处提取相关细节提供了一个有用的引子。

多年前，认知科学家通过一些不寻常的实验发现了地点和记忆之间的关联。其中一项实验要求参与者记忆 38 个毫无关系的单词，一些人在陆地上学习这些单词，另一些人在 20 英尺深的水下潜水时学习（Godden，Baddeley，1975）。研究者发现，当参与者被测试回忆单词的地点和他们记单词的地点相同时（比如他们在水下学习单词，然后在水下被测试），他们更有可能记起这些单词。当他们被测试的地点和他们记单词的地点不同时（比如他们在水下学习，而在陆地上被测试），他们则不太可能回忆起这些单词。

尽管以上两种实验场所在现实生活中可能没有太多应用价值，但他们反映出地点线索对我们回忆所学知识是很重要的。比如，为考试备战的最佳地点可能就是我们将会参加考试的房间。一项研究发现，当大学生们在相同的房间学习和接受测试时，他们更容易记起学过的单词（Smith，1982）。这项研究还发现了一些可能更有用的东西，尤其是对那些不愿意或无法偷溜进考场进行学习的学生而言——相比仅在一两个房间里重复学习的学生，在 4 个不同地点学习的学生回忆起了更多的单词，他们甚至和那些在考场里学习的学生回忆得一样多。这大概是因为，一旦学生将学习和多个地点线索关联起来，那么无论他们在哪里被测试，他们都可以记起那些单词。

绞尽脑汁地去记住

另一个关键原则是在一个世纪前被偶然发现的。当时研究者在测试人们能回忆起多少先前所学的知识，试图算出新知识从记忆中褪去的确切速度（Gates，1917）。

---

① 定言命令（categorical imperative）是康德提出的哲学概念，与假言命令（hypothetical imperative）相对。如果某种行为出自纯粹客观的必然性，无关于任何目的，即被康德称为定言命令。如果行为是实现目的的手段，即为假言命令。

那项研究的几个发现都引人注目。一个重要发现为：学生经常会忘记他们学过的很多东西——甚至是在学习后的短短几周内。

研究人员还有另一个更重要的发现：在他们不断测试参与者的记忆时，他们其实"污染"了自己原本的研究目标。那是因为，当他们越频繁地要求参与者回忆某一个特定话题，参与者便越能记住那个话题。因此，这些研究者无意中发现了一个强大的想法：如果你想要记住什么东西，就强迫自己试着记住它。但奇怪的是，这个想法在课堂上却迟迟未被采纳。

事实证明，绞尽脑汁寻找信息的行为有助于我们日后更好地回忆。认知科学家认为，每一次我们尝试提取记忆时，存储记忆的神经元网络都会被激活。当我们激活这些网络时，大脑进一步在神经元周围包裹髓鞘质，使以后的记忆提取变得更容易。相比简单的重讲、重读或复习所学内容，通过提取记忆来激活神经元网络似乎是一种更强大的方式。像集中练习一样，仅仅重读笔记或者听老师提醒我们之前学过的东西会让我们产生一种"知道的幻觉"，但实际上我们并没有记住这些东西（Brown et al.，2014）。

除非我们是在很长一段时间后重新阅读某样东西，否则简单地连续阅读第二次或第三次只会重新激活相同的神经元网络，而对更深层次地嵌入记忆没什么作用。当我们重读已经熟悉的东西时，我们甚至会发现自己可以鹦鹉学舌地背出短语和句子，这会使我们以为自己已经掌握了所读内容。然而，如果我们合上书，问自己一些问题，比如"我能否向别人解释共价键的作用"，我们可能会意识到自己还没有完全理解所读的内容。

认知科学家为这种自测新学习内容的策略取了一个名字：提取练习。研究表明，提取练习对所有年级的学生来说都是牢记新学习内容的有效方法之一，包括学前幼儿（Fritz，Morris，Nolan，Singleton，2007）、小学生（Karpicke，Blunt，Smith，2016）、初中生（McDaniel，Agarwal，Huelser，McDermott，Roediger，2011）和高中生（McDermott，Agarwal，D'Antonio，Roediger，McDaniel，2014）。在一项相关研究中，研究人员将学生分成了3组。第一组在不同的练习环节中反复阅读同一篇文章共4次；第二组阅读3次，并在另一个练习环节中回忆所读文章（通过写下来的方法自测）；第三组阅读文章1次，然后在3个练习环节中都回忆所读文章。结果怎样呢？阅读文章4次而没有进行提取练习的学生，和只读了一次但花更多时间进行提取练习的学生相比，后者表现要比前者好4倍（Karpicke，2012）。

一项对中学科学课堂学生的研究进一步展现了提取练习的力量。在该研究中，实验人员将学生分为了两组。在一个学期中，第一组学生复习材料3次，第二组学生从不复习，而是接受小测验（并获得反馈）。当两组学生都在期末接受测试时，第二组学生的表现明显更好，平均得 A，而第一组只复习了材料的学生平均得了 C+（McDaniel et al.，2012）。

诚然，许多学生已经在接受似乎令人作呕的期末考试，所以你可能不愿意在你学生的焦虑列表中再增加一项小测验。然而，此处的重点是，在大脑中搜索最近储存的信息是一种强大的学习策略，而不仅仅是在检验学习成果。因此，我们真正在讨论的是将小测验重新定义为提取练习。它们不必是正式的，甚至不需要评分（事实上，最好不评分）。研究表明，如果学生们在进入课堂时能预期到将有定期小测验，那么他们在学习过程中就更容易集中注意力并进行自测（Weinstein，Gilmore，Szpunar，McDermott，2014）。

寻找并修复漏洞

储存和提取新学习内容，尤其是基于技能的学习内容，还有最后一个关键原则。这个原则来自 K. 安德斯·埃里克森（K. Anders Ericsson）的研究。他整个职业生涯都在研究各个领域的精英，从花样滑冰运动员到外科医生，再到计算机程序员。埃里克森计算出，这些精英们都进行了 10000 小时的刻意练习。他写道："不是所有的练习都能造就完美。你需要一种特殊的练习——刻意练习。刻意练习需要你付出巨大的、具体的、持续的努力，去做一些你做不好甚至根本不会的事情。"（Ericsson，Prietula，Cokely，2007，p.3）

研究人员比较了加拿大 24 名花样滑冰运动员的练习习惯，他们之中包括精英滑冰运动员（国家队选手）、竞技滑冰运动员（计划参加省级比赛的选手）和一组无意参加比赛的选手。这些运动员之间最显著的差异不是在练习的次数上，而是在练习的好坏上（Deakin，Cobley，2003）。

在这项研究中，研究者向所有选手提出了各种各样的问题，包括他们对某项练习的喜爱程度，每项练习需要多少努力和注意力，以及他们认为哪项练习对滑冰成功最为重要。研究者还要求滑冰运动员写 7 天日记，记录他们练习了多少小时。这些日记显示，从总体上看，所有滑冰运动员每周都花同样多的时间练习，所以练习时长似乎不是区分他们滑冰水平的因素。与此同时，视频记录了所有 24 名滑冰运动员的练习，于是研究者让两名滑冰专家观察了 3 段 45—60 分钟的视频。

这就是事情变得有趣的地方。

观察的专家们注意到，精英滑冰运动员更高效地利用了他们的练习时间，休息时间只占了 14%（包括和朋友聊天，站在溜冰场边或完全离开练习场地）。相比之下，竞技滑冰选手和非竞技选手的休息时间占到了 31% 和 46%。此外，选手如何度过他们在冰上练习的时间也很能说明问题，精英选手把 68% 的练习时间都花在了具有挑战性的跳跃和旋转上，竞技选手将 59% 的时间用于这些困难的练习，而非竞技性选手只用了 48% 的时间。

请思考这一点：所有滑冰运动员都认为跳跃和旋转是最具挑战性的两项练习。练习过程可能会很尴尬，更不用说很痛。你会经常摔倒，然后你必须从冰上站起来，重新开始，一遍又一遍地做这些动作，直到把它们变成肌肉记忆，想都不用想就可以做出这些动作。埃里克森从这项研究和其他实验中得出一个结论："区别精英和业余者的最重要因素就是，那些将来会成为精英的人，把更多的练习时间花在他们能取得最大进步空间的方面。"（Ericsson，Roring，Nandagopal，2007，第 34 页，第 25 页）

简而言之，精英们并非一开始就完美无缺。相反，他们知道自己最欠缺哪方面的知识、能力或表现，然后进行刻意练习，以缩小目前水平和目标水平之间的差距。这种进步需要不断反思自己的知识或技能，并自问需要做些什么来提高——研究人员称之为"差异缩减"策略。这就好像软件程序员有意去寻找和修复代码中的小漏洞一样，因为如果不加以检查，这些漏洞可能会导致整个程序崩溃。

总结

从许多方面来讲，花样滑冰精英在刻意练习环节所做的事情，正是我们到目前为止所学的关于有效练习和反思的内容。首先，他们明白重复练习（每周有好几天在冰上）和分散练习（在几天、几周、几个月里分开来的多个环节中，练习相同的跳跃、旋转和衔接动作）的重要性。此外，在练习环节中，他们混合练习各种各样的动作，并不断进行提取练习（努力记住那些或长或短的动作套路）。也许最重要的是，他们会不断反思自己的学习进展，专注于自己尚未掌握的东西。当他们摔倒时，他们不会简单地爬起来，然后盲目地重复失败的跳跃或旋转。相反，他们会停下来反思到底哪里出了问题，下次需要做些什么改变。比如，他们会问自己为什么没能完成一个完整的旋转，或者为什么在下落时失去了平衡，然后想象怎样在下一跳时做出改变。

重复、交替、提取练习和绞尽脑汁地记忆——向学生传授所有这些技巧是很重要的，这样他们就可以进行刻意练习，评估自己的学习，判断需要做什么来掌握新知识。在下一节中，我们将为你提供教学方法，来帮助学生进行有效的刻意练习和反思，以巩固他们的学习效果。

练习与反思：课堂工具箱

到目前为止的学习过程中，你的学生已经对所学内容产生了兴趣，投入了学习，聚焦于新知识，并花了一些时间理解它们的意义。尽管如此，这个学习过程能否继续，或者说新学习内容能否从工作记忆转移到长时记忆，基本取决于一个简单的过程：重复、重现、重练和反思所学内容。学生必须多次回顾新学的知识，操练新学的技能，从而加强大脑中逐步形成的神经通路。

谈及这样的例子，我们通常会想到学生做作业。值得注意的是，为了做作业而做作业对学生没有什么好处，但是精心设计的练习机会是非常宝贵的。一项来自McREL 研究机构的元分析发现，作业本身的效应量很小（0.13），但提供练习机会的效应量大得多（0.42）（Beesley，Apthorp，2010）。换句话说，学生做作业与获得学业成功充其量只有微弱相关；然而，学生做的有效练习越多，他们则更有可能获得学业成功，这两者是强正相关。

当然，并非所有练习都是一样的。因此，给学生发布练习任务前，先弄清每个练习的目的非常重要。你是想让他们把一项新技能练到不假思索就能自动完成呢，还是想通过混合练习多种知识技能，帮助他们慢一点但更深入地学习呢？或者重新唤醒他们记忆里即将褪去的学习内容？又或者是通过刻意练习，反思和完善新知识和新技能？

请放心，正如本书中的其他策略，你不需要在给学生创设的每一个学习机会上用上这个工具箱里的每一个方法。相反，你应该运用自己的专业智慧和经验，找到最适合达成自己教学目标的方法。

观察并指导首次练习

通常，在学生聚焦新知和理解意义后，他们必须通过首轮练习来巩固脑海中的新知识，不论是应用新技能（比如多位数加法）还是重复新知识来存入记忆（比如西班牙语词 venir 的动词变位）。在大多数情况下，首次练习时，一定的直接指导能帮助学生。

研究发现，对许多初学者来说，第一次学习一个新的流程会让他们产生过度的"认知负荷"，因为他们必须一边回忆流程的每个步骤，一边完成这个流程（van Merrienboer，Sweller，2005）。由于瞬时记忆每次只能处理一定数量的信息，所以如果我们让学生一次应付太多信息，他们就容易感到困惑、沮丧，或者漏掉关键步骤。有一定的难度是可取的，但如果难度太大，尤其是当学生还处于学习一项新技能的早期阶段，或者那个新学习包含太多复杂的组成部分，那么过高的难度就可能会给学生的瞬时记忆带来压力，使其超过极限，因而阻碍他们的学习（Chen，Castro-Alonso，Paas，Sweller，2018）。

例如，学生们在学习求解代数方程中的 x 时（比如 $2x + 5 = 13$），他们必须同时在头脑中记住十几条信息：方程中的每一个数字、函数，以及它们之间的关系。因此，在学习一个像这样复杂的新内容时，学生会受益于样例问题，以及书面的步骤指导或提醒（Frerejean，Brand-Gruwel，Kirschner，2013）。比如，你可以为学生们演示如何进行交叉相乘，如何写一段有主题句和支持性细节的文本，或者如何配平一个化学方程式。

总而言之，在教授学生一个新内容时，最好使用样例问题进行演示，带着他们多练几遍，并且在理想情况下，提供一些书面或视频指导，以供他们在首轮独自练习时回看。与此同时，观察学生如何进行首次练习也是很重要的。研究表明，当学生在最初的练习中被放任自流，他们则可能会错误地学习技能或误解概念（Kirschner，Sweller，Clark，2006）。

这就好比你很难想象，一名网球教练给新生一筐网球后说："我去职业练习组了，你把这些球都发了，等我回来时我要看看有多少球被发过了网。"然而，这种情况在学校里经常发生。学生苦于独自完成作业，无法向老师寻求指导，而老师也不知道学生在练习的过程中哪里有困惑或犯了哪些错误。所以，在学生首次尝试掌握一项新技能或记住一个新知识时，老师的观察和指导是很重要的。

检查理解

观察学生的首次练习可以帮助检查他们的理解程度。在进行多位数加减法时，他们是否知道如何进位和退位？在阅读法国大革命的文章时，他们是否真正理解了资产阶级的意思？

亲身体验：问一些启发性问题

这里有一些将提取类问题转变为启发性问题的方法：

提取类问题	启发性问题
◇哪个数是分母？	◇你怎么知道这个数是分母？
◇弗雷德里克·道格拉斯（Frederick Douglass）说过黑人想要什么（以及不想要什么）？	◇为什么弗雷德里克·道格拉斯说选举权必须先于受教育？
◇真菌的特征是什么？	◇你怎么知道苔藓不是真菌？

这些对理解的检查不应该在初学的几天或几周后才发生，而是应该立即进行，比如在几分钟之内。一项对 4000 多项实验的分析指出，检查理解和即时指导可以有效地使学生的学习速度提高一倍（Wiliam，2007）。以下是一些检查理解的好方法。

经常检查。理想情况下，你应该在每段学习之后都检查理解。如前所述，每段学习应该是 5—10 分钟。所以在一节 1 小时的课上，你可能需要检查 5 次或更多。

提出启发性问题。道格拉斯·费雪（Douglas Fisher）和南希·弗雷（Nancy Frey）观察到，许多教师的提问往往是"猜猜老师的脑袋里在想什么"的类型（2011，第 61页），只要求简单的回忆和识别。这样的问题就像量尺一样，被用来判断学生是否正确掌握了知识并知道了什么是重要的。然而，它们在判定学生是否真正理解了学习内容上却收效甚微。学生们看到内容间的联系了吗？他们是否理解了内容背后的为什么和怎么样？因此，我们所提的问题应该探究这些深层次的理解。

◇**探究错误和误解**。提前考虑可能出现的常见错误或概念误解也很重要。例如，如果你预计一些学生可能误以为是地球自转导致了四季更替，那么你可以就此提问，从而消除学生的误解。

◇**停止说话，开始倾听**。一般来说，老师在课堂上讲话的时间占 70%—80%（Hattie，2012）。然而，老师说得越少，学生学得越多——老师也就越了解学生在想什么、学什么。将一节课分成几个 5—10 分钟的小段，让学生多说话，这样做可以帮助恢复课堂里的平衡。学生在说话时可以处理信息、相互交流并分享想法。要了解学生学到了什么，有个简单的方法，那就是让他们复述，用自己的话总结对所学内容的理解。

◇**让所有的学生参与进来**。通常，少数学生说了课堂里绝大部分的话，而很多人一个字也不说。例如，一项包括了1245名学生的中学科学课堂研究发现（Jones，1990），只有15%的学生主导了讨论，平均每堂课有16次互动，而其余同学平均只有4次。与此同时，整整29%的学生在课堂上什么都没说。为了检查所有学生的理解，有时应把对整个班级提出的无指向性问题换成对个别学生提出的有指向性问题（Walsh，Sattes，2005）。

亲身体验：编号共学法

有一种行之有效的方法，可以让所有学生都参与学习过程，并检查他们对所学知识的理解，那就是"编号共学法"（numbered heads together）。学生从1—4报数，每1—4号成为一组，共同讨论、解答老师的问题。然后老师任选一个数字，请号码为这个数字的组员回答问题。实验发现这种方法可以基本消除学生在后续内容测试中的失败（Maheady et al.，1991）。

通过检查作业发现学习缺口。家庭作业、小测验和写作作业都是了解学生学习情况的宝贵机会。当你检查、评分和记录时，你可以通过观察学生的错误规律来检验他们的理解。是否有好几个学生都没能掌握同一个概念，或犯了相似的错误？特别是开放式的写作作业，它要求学生分享想法，这是发现他们浅层知识和深度理解中哪里有缺口的好方法，从而决定哪些地方可能需要重新教学（Fisher，Frey，2011）。

提供形成性反馈

如果没有老师的反馈，练习作业就会变成没有价值而只是累人的事情，对提高学生成绩几乎没有帮助。虽然道理听起来很简单，但这种情况在课堂上并不罕见：几个学生批改完作业，然后交给老师，老师把分数誊在成绩册上，然后就把作业返还给学生，几乎不给任何反馈。没有反馈的作业和练习对学生来说是徒劳的，因为他们不知道下次该如何改正，也不知道应该把练习重点放在哪里。因此，把练习和反馈结合起来是至关重要的——尤其是非评价性的、形成性的反馈，它可以帮助学生反思自己的学习进程，提高学习表现。

许多研究表明，反馈是你可以使用的最强大的教学工具之一。例如，McREL 研究机构的研究员发现，相比于没有收到反馈的学生，给予学生反馈的效应量相当于学生在考试中多获得足足 28 个百分位数（Beesley，Apthorp，2010）。哈蒂（Hattie）在对几百项教育实践的综合研究中发现，给予学生反馈是最有力的教学，并得出了学生需要"大量反馈"的结论（2009，第 238 页）。

然而，与练习一样，并不是所有反馈都是好的。事实上，尽管反馈的整体效应量很大，但在两项具有影响力的元分析研究中，有超过 1/3 的研究发现，反馈对学习有负面影响（Shute，2008）。考虑到这一点，我们给出一些建议，以确保你给予学生的反馈是支持而不是阻碍他们的学习。

确保反馈是具体的、可执行的。大体上，根据你所提供的反馈，学生应该能够做些事情；反馈应帮助他们反思自己的学习，并指明走向精进的具体步骤（比如"你的文章告诉你的读者'睡眠很重要'，那你要如何向他们展示这一点呢？"）。一般来说，学生能够最大限度地受益于练习过程中或结束后立即得到的反馈，但这其中也有一个重要的告诫，那就是学生需要在练习时思考他们的学习。如果老师在测验的每道题目后都告诉学生正确答案，那反而会降低他们的测验表现，因为这么做会使他们的大脑进入低努力模式，而不是提取之前的学习或努力思考问题（Kulik，Kulik，1998）。

给予非评价性的反馈。几项研究发现，当老师的反馈具有高度的评价性或判断性（比如"对了！"或"错了！"），表现差的学生因为害怕尴尬而倾向于封闭自我，避免与老师互动（Kelly，Turner，2009）。所以给予反馈的方式不应该是评价性的，而应该是帮助性的——向学生展示如何能提升表现。事实上，老师在说话上的小小调整，往往对学生的学习动力和参与度都有显著的积极影响。

给予非控制性的反馈。类似地，学生更容易接受那些不带有试图强迫他们行为意味的反馈。由爱德华·德西（Edward Deci）领导的一组研究人员观察到，即便是老师的积极反馈也可能会削弱学生的学习动力，只要它给了人一种要被迫遵从老师意愿的感觉（比如"干得好，你应该再接再厉"）。因此，在提供反馈时，避免使用强制性的字词（比如"应该""需要"），可以用观察和建议代替。例如，与其说"我认为你应该……"，不如说"下一次，你也许可以试试……"或"你觉得你在解那个方程的时候是哪里出了问题？"

给予能帮助学生思考他们所学内容的反馈。也许最重要的是，与直接告诉学生该做什么或如何改正相比，更有效的反馈应是可以帮助学生思考他们的学习——反思自己的误解或犯下的错误。例如，与其提供纠正或明确的指导，你的反馈应该帮助他们提取和应用之前的学习内容（比如"你还记得，如果右边一栏的数字加起来大于 9，我们该怎么办？""记住，西班牙语中的 venir 是一个不规则动词，所以你该如何变位？"）

交替和间隔安排独立练习

在老师指导完学生进行初步练习，确保他们对新学习内容有了坚实理解，知道了正确步骤之后，学生可能仍需要重复练习才能精通技能并牢记新学习内容。在这些练习中，教师指导可以减少，更多地让学生独立练习。在这一点上，认知科学为我们指出了一个方法（这个方法你和你的学生或许会觉得有些反常）：在一个练习环节中，不要只训练一种类型的问题，重复同样的知识，或演练同一种技能——反之，最好把你的练习混合起来，在练习先前所学内容的同时，也练习新类型的问题、知识和技能。

例如，在你向学生展示了多位数加法如何进位后，与其给他们 20 道需要进位的题目（比如 35 + 47），不如混合一些不需要进位的简单问题（比如 34 + 44）。之后，当你教新的计算时，你还可以继续把多位数加法进位的题目加进去练习。类似地，如果你教学生西班牙语不规则的动词变位，你可以给他们提供规则动词变位和不规则动词变位的混合练习。

像这样的交替和混合练习环节应该是间隔安排的。相比让学生在一次练习环节中做同类型的问题，然后在测验之前永远不再练习它，你应该有意地在你的单元设计中加入反复见到该类问题的机会，并在新情境下应用它或用新材料练习它。你可以遵循这个经验法则（来自艾宾浩斯的研究）：在学习新内容后的 20 分钟、1 小时、1 天、2 天、1 周和 1 个月后回顾其内容。

不过，你得做好准备。你的学生可能会感到困惑，他们可能会指责你在耍花招，他们可能会抱怨你"把他们搞砸了"，因为你不让他们在一次练习中快速掌握新技能。在这最后一点上，他们可能是部分正确的。正如前文所述，大量练习确实会通向快速学习——但也会导致快速遗忘。在这样的情况下，交替和间隔练习虽然有时会导致较弱的上手熟练度，但它们能确保日后更强的学习。所以坚持你的教学方法，你的学生以后会感谢你的。

同样值得注意的是，间隔练习的机会有很多种形式，包括简单的"提取"练习——也就是说，简单地鼓励学生回忆之前的学习，比如通过不评分的突击小测验或课堂上的问题回答（例如"合上你的笔记本，在一张白纸上，画一幅叶绿体的图片，标出它的各部分名称，以及内部的分子反应"），或者通过合作学习活动，要求学生一起回忆并互相检测所学内容。这样做的目的不是为了让学生感到惊讶、恐慌，或惩罚他们，而只是为了提高他们对学习内容的记忆维持。

我们没有必要对这些提取练习进行评分。如果你担心，假使你不评分，学生就不会认真对待突击小测验等提取练习，那么你可以和他们分享多动脑子、提升记忆的好处——在头脑中搜寻记忆以防止记忆褪去，这样在重要情况下，他们就可以表现得更好。理想情况下，你要帮助学生看到提取练习的力量，让他们开始自己使用它，进行自测，尝试用自己的话表达所学的内容。

记住，提取练习可以是简短的，未经安排自然发生的。下面提供了一些提取练习的例子。你会注意到，这些练习都不需要花费太多时间，而且可以融入其他活动，比如在上课开始时的"敲钟人"练习：当学生坐在课桌前，你可以给他们一个先前单元的小测验，看看他们能回忆起多少内容。你会发现，当你越多地让学生参与常规的提取练习，他们就越会预见它，越多地为你可能会问他们的问题做准备（开始自测同样的问题）。

亲身体验：提取练习

提取练习简单地要求学生记忆之前的学习内容，所以它不必复杂或冗长，也不需要被评分。下面是一些例子。

突击小测：在完成一项阅读任务、家庭练习或课堂讨论后，组织学生不经准备、自发地（且独立地）回顾关键知识点，促使他们在记忆中搜索所学内容。

"旧事重提"小测：给学生一份以前做过的小测验或考试题的一部分。

搭档小测：让学生提出关于本课的问题，然后交给别人，互相回答问题。

头脑风暴小测：让学生合上课本，并且在不看笔记的情况下，写下3—5个刚学到的知识要点。

"以一换一"小测：让学生写下2—3个刚学到的知识要点，然后在规定时间内（比如90秒）在教室中移动，告诉别人一个知识要点，并从别人那里得到一个知识要点，直到每个人可以列出5—7个知识要点为止。

离堂小测：在一节课结束时给学生一个短短的小测试。学生答对后将小测试答卷作为"出门条"交给老师。

教导学生如何进行练习

最显著的问题是很少有学生使用这些记忆方法。例如，当一所知名大学的 177 名学生被问到他们最常见的学习策略时，83.6% 的学生说是重新阅读笔记或课本，并且 54.8% 的人指出这是他们最常用的方法。只有 10.7% 的学生说他们会经常自测，并且仅仅 1.1% 的人把自测列为首要使用的方法（Karpicke，Butler，Roediger，2009）。

照理说，鼓励学生在他们还没精通的技能或学习上多进行一些练习，这听起来是一件很简单的事：评估学习进展，钻研最具挑战性的部分（比如他们还没有掌握的乘法表或者长期搅扰他们的西班牙语动词变位）。然而，在现实中，许多学生会高估他们所知道的内容量，低估还没掌握的内容量。因此，他们往往在真正精通一项新内容之前就停止了学习。原因之一是，在学生第一次学习某种东西时，它可能存在于他们的工作记忆中，所以学生自以为学会了（Nelson，Leonesio，1988）。但是，当他们试图在 20 分钟或一天后从长时记忆中回忆同样的信息时，他们往往会发现它已经消失了。

此外，学生还可能误以为自己的知识中没有任何"漏洞"。事实上，表现差的学生往往对自己的能力有最不准确的认知。在一项研究中（Kruger，Dunning，1999），学生参与了一项关于语法、逻辑和幽默的测试。那些表现较差的学生认为自己比至少 60% 的人成绩更好。表现较好的学生认为自己比 70%—75% 的人做得更好，而实际平均来说，他们比 87% 的人成绩更好。表现差的学生也倾向于高估他们在即将到来的考试中的表现，不过他们对自己的预测不太确定（Miller，Geraci，2011）。简而言之，学生难以进行刻意练习的原因，是他们无法准确评估自己的学习，或者对学习有一种"固定型思维"（Dweck，2000），导致他们担心一旦承认自己还没学过什么的话，会显得他们很笨。

第一步，你可以向学生解释刻意练习的重要性（或者更好的是，让他们自己描述什么是有效的练习）。在对话过程中，你可以帮助他们理解为什么我们要找出仍会犯错的地方，以及怎么样可以齐心协力克服它。你甚至可以和他们分享日语中 kaizen（持续改善）的概念，即"每个缺陷都是财富"，因为它提供了改进的机会。

接下来，你可以鼓励学生使用提取练习来找到这些"财富"。比如，你可以向学生展示如何利用快速重复来聚焦犯错的点（例如 $8 \times 7=56$，$8 \times 7=56$，$8 \times 7=56$），或结合使用间隔练习和助记技巧（例如 ROYGBIV 是光谱上的颜色顺序 [1]），每几分钟、

---

[1] 光谱颜色的英文单词依序为 red（红）、orange（橙）、yellow（黄）、green（绿）、blue（蓝）、indigo（靛）、violet（紫）。这些英文单词的首字母连起来是 ROYGBIV。

1小时或1天后回顾一次新的学习内容。

上面这些练习策略对你来说也许显而易见，这可能是因为你在学术生涯的某个阶段已经掌握了它们。然而，对许多学生来说，这些方法仍然是神秘的。通过教给他们这些简单的学习技巧，你不仅可以提高他们的学习表现，还可以提升他们的自我认知。

大概念：重复学习，巩固记忆

事实证明，我们的大脑很擅长忘记我们所学的大部分东西。遗忘曲线表明，我们会在30天内清除90%的所学知识——其中大部分遗忘发生在初学后的几个小时内（Medina，2008）。这意味着，如果没有精心设计的机会来练习和反思学习，学生们会在上床睡觉之前就忘记今天在课堂上所学的大部分内容。而对那些他们醒着时没有忘记的东西，大脑也倾向于在睡觉时清除所有看起来无用的内容，特别是那些扔进工作记忆中后再也没有回访或提取过的新学习内容。

不过，也有好消息。新的研究发现，虽然我们睡着的大脑删除了许多新的记忆——科学家观察到睡眠期间缩小的神经突触，但是，他们也观察到部分更大的突触没有被削减（Cirelli，Tononi，2017）。换言之，大脑似乎能识别出，那些我们白天花时间建立和加强的神经网络是重要的，因此"标记"为存储。这样一来，晚上的大脑清洁工在清除无用内容时会掠过这些记忆，让我们保留它们。

通过清除大部分新记忆而只保留少数记忆，睡眠可以帮助我们减少白天积累的无用记忆的"噪声"，从而增加我们大脑中的信噪比，帮助我们巩固记忆。正如神经学家朱利奥·托诺尼（Giulio Tononi）所说，睡眠让我们"以一种聪明的方式忘记"（Zimmer，2017，p. D5）。不过，这一切都取决于白天充分重复新的学习，这样我们的大脑才会标记它为晚上要存储下来的记忆。

正是因为这些重复，一些学生可能会认为这个阶段的学习是单调乏味的苦差事，缺乏好奇心。他们可能感觉那种发现新东西和酷想法的乐趣已经过去了，现在他们必须忍受枯燥的重复，就像嚼一块已经失去了味道的口香糖。

这是真的吗？学生真的需要把好奇心放在一边再来练习吗？除非他们用错了方法。如果他们所做的一切只是无脑地重复他们学过的内容，练习可能是相当乏味的……但那不是练习的正确方法。最好的练习是刻意的，它要求学生提出问题（也就是要保持好奇心）并在练习过程中反思学习进程。

　　打个比方，当学生试图掌握一项技能时，他们需要保持好奇心，反思什么是有用的（比如"当我把我的声音'放'在我的鼻子上时，我真的能唱出那个高音！"），以及什么是还没成功的（比如"我想我理解余弦定理，但我还是没有把这些问题弄明白，我哪里缺了些什么？"）。同样，当学生很难记住一个新概念、新想法或新词汇时，他们可能需要停下来反思一下自己的学习进程，问问自己还能怎么把这个概念记住（例如，通过一张图片、一件和自己有关联的事、一个助记技巧）。也许最重要的是，他们可能需要重新激发自己的好奇心，认真思考这个概念，问问自己："我真的理解了吗？我能向别人解释这个概念吗？我知道它为什么重要吗？我能把它和其他想法联系起来吗？"

　　所有这些都可以归结到本章的核心概念：为了让新学习内容被记住，学生必须回顾新学习内容，在初学后的几分钟内反复思考它，并在之后也多次重复。然而，即使有了这样的刻意练习和反思，巩固记忆的旅程还远未结束。

　　每天晚上，当学生睡觉时，他们大脑中的清洁工会来寻找并清除更多无用的信息。如果学习停止得太快，如果我们所做的只是要求学生在考试中提取知识，那么他们的新学习内容仍将是分离的、脆弱的，而且很快就会消失，因为大脑的夜间清洁工不会认为它值得保留。

　　在下一章中，我们将探讨如何阻止这样的事情发生。我们要帮助学生把学习带入最后一个阶段：拓展与应用所学知识，与其他思想、知识和技能建立联系，构建日益复杂的神经网络，达成深入而持久的学习。

第七章
拓展与应用

2016 年 12 月 3 日，国际象棋大师帖木尔·加列耶夫（Timur Gareyev）（后因在跳伞时下棋而登上《国际象棋生活》杂志封面）来到拉斯维加斯表演他的绝技：蒙住眼睛同时与 48 个对手对弈。他骑着一辆健身自行车，脑海中记忆着所有 48 个棋面。他的对手喊出行棋，他再喊出他的下一步。23 小时、80 千米、1400 步之后，加列耶夫创造了蒙眼并同时完成 48 场象棋比赛的世界纪录。他赢下了 35 场比赛，平了 7 场，输了 6 场（Barden，2017）。

乍一看，人们可能会认为加列耶夫拥有超人的记忆力。认知科学家对他进行了一系列测试，却并未找到特别之处。其中一名研究人员说："除了下棋，我们没有发现他还有什么特别的才华。"（Sample，2016）那么加列耶夫是如何做到的呢？其中一个技巧叫作"记忆宫殿"。他在脑海中创造了 48 个房间，并给每一步棋取了一个名字。例如，他称 D4 这一步为"戴安娜王妃"，并想象戴安娜王妃正坐在宫殿的那个房间里。如果在下一轮中，他的对手移动了相邻的棋子（E4 步，代号"猫王"），他会想象猫王和戴安娜王妃一起在房间里（Lubin，2017）。

另一种更重要的方法似乎是所有象棋大师都会的。研究人员发现，相比新棋手，大师级玩家能够记住 4 倍多棋子的确切位置（Chase，Simon，1973）。粗一看，这似乎表明拥有好记性对专业技能至关重要。然而，这项研究中的一个简单设计证明，拥有专业技能才是具有更好记忆力的关键。当研究人员在棋盘上随机放置棋子时（不是棋局），大师并不能比新手记住更多的棋子位置。换言之，他们并没有更好的记忆力，而是拥有通过数千小时练习培养出来的更好的观察行棋模式的能力。

这个例子引导我们走向牢固记忆、铭记学习的最后一个阶段。一方面，我们必须进行深度巩固，以先前的学习为基础，将所学内容融合成一个更大更连贯的模式。另一方面，我们必须创造多种提取的引子，以便我们在脑海中想起知识，然后应用它。

搞清楚问题是什么（比如"看起来伤口被感染了……"），然后想出正确的解决方法（比如"……最好拿点抗生素软膏来"）——认知科学家有时会把这个过程称为图式（schema）或心智模式（mental models）。通俗地说，就是经验之谈的诀窍。可以说，"诀窍"就是学习的主要目标。毕竟，我们的目标正是帮助学生将知识和技能结合起来，更好地了解周围的世界，并采取明智的行动，为自己和他人创造积极结果。

我们将在本章中看到的，发展思维模式不能仅靠鹦鹉学舌般地应付考试，而是需要拓展和应用我们的学习，通常是对所学内容进行批判性和创造性的思考，并将其应用到新情况下解决问题。在某种意义上，这一学习旅程的终点也让我们回到了起点——帮助学生对新的学习内容产生兴趣。在这最后一个阶段，我们通过寻找学习的意义和目的来帮助学生保持对学习的兴趣。

如果我们砍掉这最后一个阶段，我们很有可能会给学生留下一些虚无的经验，像是练习如何参加考试，照猫画虎地学习，参与一场"上学"的游戏。这些经验与现实生活、意义和目的都是脱节的。学生无法以有意义的方式巩固所学内容，也不能产生足够的提取引子以供日后回忆。

在本章中，我们将在之前讨论的记忆存储和提取的基础上，更深入地探讨大脑如何将信息转化为有用的知识与技能，以便日后提取。你还将读到如何给学生提供机会来拓展和应用所学内容，帮助他们发展思维模式和提取引子，服务他们的一生。

深度学习的科学

让我们重温上一章提到的观点：存储记忆和提取记忆的过程有很大不同。就像我阔别多年重回大学母校时，许多我以为已经遗忘的往事又涌上心头。实际上，那些记忆一直都在，只是我提取它们的引子逐渐淡去了，直到我再次沉浸在与这些记忆相关联的景象、声音和气味中。

毫无疑问，你也有过类似的经历，在记忆中储存了一些东西，直到某个触发事件或线索让你找回了它。与之相对的，你也肯定曾经强烈地记住一些东西，但过一会儿就忘得一干二净。打个比方，在你去商店买东西半小时后，你很可能还记得停车位置。然而，如果一周后有人要求你在法庭上作证，你可能很难想起来当时把车停在什么地方。

正如伊丽莎白（Elizabeth）和罗伯特·比约克（Robert Bjork）在《弃用新论》（*New Theory of Disuse*，1992）中描述的，之所以会产生这样的情况是因为储存记忆和提取记忆需要不同的过程。储存记忆通常需要重复新学习，有时还需要第三个因素：强烈的情绪，包括积极的和消极的。例如，就算没有复习，如果一周前有人把你汽车的翼子板撞凹了，或者一个匿名的善良人在雨刷片下给你留下了一张 100 美元钞票，你很可能会记得当时停车的地方。

另外，提取记忆需要我们开发多条通往记忆的路径，为大脑创造一些引子。前一章我们主要探讨了如何通过练习和重复来增强记忆存储。在本章中，我们将探索记忆的另一部分：如何帮助学生建立提取能力，开发对新学习内容的多重思维关联，创造提取引子，以便在需要时提取相应的知识。

将新学习与自身关联

让我们从一个简单而有效的原则说起：当我们与新学习内容建立个人关联时，我们更容易回忆起它（Sousa，2011）。研究人员多年前就发现了这一点。当时，他们要求学生用几个"处理深度"不同的策略来学习一张单词列表。一组学生思考单词的意思，另一组学生思考单词的音素或结构。不出所料，那些仔细思量单词含义的学生后来能回忆起更多单词。第三组学生把单词和他们自己关联了起来（例如"这个词是否在描述你？"），他们的记忆提取能力更强（Rogers et al.，1977，引用于 Symons，Johnson，1997）。

多年来，研究人员发现这样的"自我参照效应"在各种学习任务、年龄段、学科中都能产生积极的记忆效果。一项包含 129 个实验的元分析总结发现，将新学习内容与自身或个人经验相关联，对记忆有着强大的增益效果（Symons，Johnson，1997）。在其中一项实验中，研究人员让 3 组大学生用不同的方法学习一章关于儿童发展的内容。第一组学生在阅读时问自己一些自我参照的问题，第二组采用更详尽的 SQ4R[①] 方法（浏览、提问、阅读、反思、复述、复习），第三个对照组自选了一种学习策略（大多数大学生选择了在阅读时做标记和二次阅读）（Hartlep，Forsyth，2000）。研究人员在学习结束后立即对学生进行了测试，两周后再次进行测试。在这两次测试中，将阅读与自我经历关联起来的第一组学生表现优于其他组，远好于第

---

① SQ4R 是英文单词的首字母缩写：S 代表 survey（浏览），Q 代表 question（提问），4 个 R 分别代表 read（阅读）、reflect（反思）、recite（复述）、review（复习）。

三个对照组，也好于使用更详尽的 SQ4R 方法的第二组。这表明整个方法的关键因素很可能是反思。在反思时，学生们可能将阅读内容与自身经历关联起来。

为什么把新学习内容与自身经验相关联是一个如此强大的学习策略？研究人员并不完全确定，尽管他们猜想，当我们将新学习内容与自身关联时，我们实际上是将新学习内容与已有的神经网络相融合，从而增加了新学习内容的存储强度。与此同时，我们可能更容易在自身周围的环境中遇到相关线索，作为我们所学知识的引子，从而增加了提取能力。

打个比方，想象一下，如果你只关注"爱耍性子的"（petulant）这个词的语义，在脑海中一遍又一遍地重复这个词的定义（"易怒的或孩子气般生闷气的"），那你可能很难找到一个地方（一个已有的神经网络）来存储这个词。然而，如果你把这个词和你认识的人关联在一起，比如一位在得不到想要的东西时就撅起嘴的朋友，你更有可能把这个词放入一个记忆筐中，也许是那个叫作"令人讨厌的朋友特征"的筐。最重要的是，你现在有了一个容易被提起的提取线索：比如，当你的朋友因为大家决定去他不喜欢的餐厅而生起气来，你就会想起"爱耍性子的"这个词。

这里需要说明的最后一点是，要产生积极的记忆效果，自我参照不必狭隘地（或自恋地）聚焦于自身（Symons，Johnson，1997）。无论我们将新学习内容关联到自我还是他人，包括我们周围的世界，我们似乎都可以创造同样强大的存储和提取新学习内容的能力。事实上，研究发现，对那些具有利他精神的学生来说，如果他们把新学习内容与帮助周围人（而非个人）关联起来，他们可能会获益更多。

问自己深度问题

另一种可以增强提取能力的学习策略叫"精细复述"（elaborative rehearsal）或"精细询问"（elaborative inquiry）。这种方法鼓励学生详细阐述他们的学习内容，问自己怎么样、为什么、如果出现某种情况会怎么样等问题，从而使提取练习更进一步（McDaniel，Donnelly，1996）。例如，学生们可能会思考为什么树叶在秋天会变色，空调系统是怎样工作的，或者如果美国没有在第二次世界大战中加入盟军会怎么样。

研究已经证明了精细询问的效果（Pressley，McDaniel，Turnure，Wood，Ahmed，1987）。研究者向 3 组大学生展示了关于一个人行为的不同句子。第一组学生读了一系列简单的句子（比如"一个饥饿的人上了车"）。第二组学生读类似的句子，但措辞更详细，比如"一个饥饿的人上了车去餐馆"。第三组，即精细询问组，与第一组读了同样的简单句子，但同时被要求解释"这个人为什么这么做？"

在阅读了 24 个这样的句子后，研究者对这些学生进行了一次突击测验，看他们能否回忆起每个人的行为（比如"饥饿的人做了什么？"）。结果，参与了精细询问的学生更准确地回忆出了每个人的行为，回答正确率为 65%。而只读简单句子和略详细句子的学生只答对了 15% 和 24% 的回忆问题。

认知科学家（Dunlosky, Rawson, Marsh, Nathan, Willingham, 2013）认为，精细询问之所以能巩固学习，是因为它帮助我们将新学习的知识和之前的知识联系了起来——更准确地说，是将新学习和现有的心智模式（本章后面会讨论）联系了起来。基本上，这个过程是这样的：如果有人让我们思考"暖空气是如何上升的"，我们可能会想："好吧，我知道暖空气会膨胀，密度会降低，就像空气的密度比水低一样。所以暖空气上升可能就和气泡会在水中升起是一个道理。"此刻，我们将新的学习与先前构建的心智模式（如膨胀、密度、水泡、重力）融合在了一起，从而将新学习内容"搭载"到了心智模式上（Halliday, Austin, 2010; Wong, Lawson, Keeves, 2002; Wood, Hewitt, 1993）。值得注意的是，与自我参照效应一样，精细询问只有在学习者已经聚焦并理解了新学习，并准备加强他们对新学习内容的存储和提取时，才能真正起作用（Woloshyn, Pressley, Schneider, 1992）。打个比方，如果学生还不理解气压的基本原理，那么问他们为什么翼型机翼有助于飞机飞行，则无法帮助他们记忆。

讲解自己的思考

精细询问可以帮助记住和回忆陈述性知识（事实、概念和观念）（Dunlosky et al., 2013）。那程序性知识（技能、程序和过程）呢？事实证明，一个类似的"自我解释"（self-explanation）过程可以帮助我们记忆这些基于技能的学习。基本上，自我解释需要我们讲解正在采取的步骤和正在做的选择。例如，在求解数学题时，我们可能会问学生这样的问题："为什么需要在这里交叉相乘？"或者"为什么我们可以用长和宽相乘来求得矩形的面积？"

英国研究者黛安·贝里（Dianne Berry）进行了测试，她要求学生解决一个关于果酱和标签的逻辑难题。在解题时，贝里要求第一组学生一边做题，一边讲解他们的推理。第二组学生在解决谜题之后再解释他们的推理。第三组学生全程默不作声。在完成前两个阶段的题目后，3 个小组都已对解题规则熟练掌握，并且在第二阶段正确解答了 90% 以上的题目。然而，在实验的第三阶段，贝里转而测试学生如何将他们的学习（这些题目背后的逻辑推理）迁移到逻辑类似但略微抽象的卡片难题上。至此，实验出现了一个如下有趣的转折。

只有自我解释组的学生取得了与之前相同程度的成功，正确地解出了90%的问题，成功将学习从具体任务（果酱和标签）转移到了抽象任务（卡片）上。相比之下，事后解释组和不解释组的学生表现变差了，分别只有68%和27%的正确率。尽管他们已经解决了逻辑基本相同的问题，却没能在具体和抽象任务之间迁移学习。

为什么会这样？虽然我们不确定，但很可能是因为讲解自己的想法帮助学生思考了他们的学习（连接视觉和语言处理），发现了任务背后的潜在关联，提取出了统一规则，从而将学习迁移到了新的任务上（Berry，1983）。也许最令人惊讶的是，甚至当贝里告诉了学生卡片难题和果酱标签难题基本相似时（告诉他们"虽然材料不同，但两个任务在逻辑上相同"），那些没有在解题时进行自我解释的学生也没能更好地迁移学习。

这样的结果说明了两件事。第一，知道做什么和怎么做是一回事，而理解为什么会起作用，即问题背后的逻辑或原则，是另一回事。第二，理解所学内容的逻辑或模式的最好方法，就是自我解释我们为什么在做什么事情。不管原因如何，这种讲解自己思考的过程似乎有助于我们更好地将什么、怎么样、何时和为什么联系在一起，形成更大更连贯的模式。

建立心智模式

研究者通常将这样连贯的模式叫作图式或心智模式。他们发现心智模式可能是深度学习的根本要素。如果没有心智模式，我们就很难（甚至不可能）理解周围世界的意义，解决复杂问题。

想象一下：你在一个周六早晨醒来，想到客厅地毯已经受了孩子和狗的多年折腾，上面还有打翻的饮料污渍，你决定是时候买一块新地毯了。不过，在去地毯店之前，你决定看看你是否买得起新地毯，准备算一算需要买多大的地毯，会花多少钱。第一步，你测量墙壁之间的距离，注意到客厅是"L"形的。然后，如图7.1所示，你画了一个房间的草图并用英尺标记每面墙的长度。你从一则本地广告中看到地毯的价格约为每平方米89—199美元。到这里，你发现自己开始面对现实生活中的应用题。

让我们思考一下，当你在解决这个问题时，你的大脑中发生了什么。首先，你必须提取一些陈述性知识，以判断你面临的问题类型：计算多边形的面积。接下来你提取一个解决问题的方法：长度 × 宽度 = 面积。但是你知道你正在计算的不是一个简单的矩形，因此你提取更多的程序性知识来帮助你想出如何计算这个面积：将它分成两个小的矩形。然后你继续这样的过程，切换陈述性知识和程序性知识，对平方米和平方英尺进行换算，并最终计算出了价格。通过运用不同类型的知识，你解决了问题。但令你沮丧的是，你意识到换一个房间的新地毯将花费 3000 美元以上，这还不包括地毯衬垫、安装费等其他附加支出。你很快看了一眼你的银行账户，然后改变了计划：你准备花整个周末重新摆放家具，以掩盖地毯上的污渍。

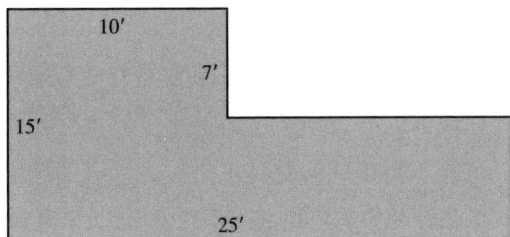

图 7.1　客厅尺寸示意图

事实证明，这种陈述性知识和程序性知识的交织不仅是解决复杂问题的关键，还是在多个领域区别专家和新手的关键，包括医学（Lesgold et al.，1988）、数学（Silver，1979）、建筑（Akin，1980）和消防（Klein，1998）。与新手相比，专家更易于将多个数据点归纳成可识别的模式，以更好地理解问题，然后调用程序性知识来解决问题（Nokes，Schunn，Chi，2010）。

基本上，专家的解题过程是这样的：面对一个问题时，① 将问题分类；② 构造一个心理表征；③ 寻找合适的解题策略；④ 提取并应用该策略；⑤ 评估解题策略的有效性；⑥ 如果问题没有解决，重复步骤①到④；⑦ 如果得到了正确的解答，将该解题方案和过程存储起来以备后用（Newell，Simon，1972）。

研究人员（Brand-Gruwel，Wopereis，Vermetten，2005）观察了新手（大学一年级学生）和专家（博士研究生）如何完成一个复杂任务：研究在食用易变质食物时，人们应该遵循印刷的保质期，还是相信自己的感觉，并就此写一篇 400 字的论文。研究者发现，新手倾向于一股脑儿地直接投入任务，在一些无用信息上埋头苦干，难以对新信息进行分类整合。与之相反，专家一开始花了更多时间对问题进行初步评估和分类，反思自己的原有知识，然后在吸收新信息时评估它们，再基于新信息重新建构论文。这其中最重要的是，相比新手，专家对解决问题的过程有着更强的把握，他们通过自我提问来不断评估自己的进展："这是我需要的信息吗？我仍然在寻找问题的答案吗？我还剩多少时间？"

换句话说，专家对先前的学习表现出了很强的把握，已将它们录入心智模式中，因而他们能将其迁移到新情况中——他们能拓展和应用先前学习来解决复杂问题。

批判性地思考心智模式

正如前文所说，当我们回忆曾经的学习时，学习变成可塑的，因而我们可以将它与新的想法和经验糅合起来。这也意味着，在我们每次回忆并应用曾经的心智模式时，我们不仅巩固了它，而且如果我们发现它不再能帮助我们解决问题或理解世界，我们也有机会修改它。

你在教室里其实经常这样做。例如，当一节曾经非常有效的课对你现在的学生不起作用了，你会意识到你现有的心智模式（比如孩子们真的很喜欢《蝇王》或那个你珍爱的模拟股市平台）可能不再正确。此处正是成为专家的关键：不拘泥于对事件的单一解释，而是重新审视和继续完善心智模式。我们称这个过程为批判性思考。

这表明，拓展和应用学习，给学生机会去建立、提取并完善他们的心智模式，可能是帮助他们发展批判性思维能力的最好（如果不是唯一）方法。虽然批判性思维的定义仍不明晰，但是研究人员通常认为这是一组复杂的性情和技能，包括拥有求知欲，注重不同的观点，应用逻辑推理来建立和支持论点，反思自己的观点和看法，并且愿意在新的相反数据面前改变想法（Abrami et al.，2015；Bangert-Drowns，Bankert，1990）。

也许最重要的是，只有当我们在某一特定领域拥有深厚的知识时，我们才能真正进行批判性思考。换句话说，我们必须对某件事有足够的了解才能批判性地思考它。正如认知科学家丹尼尔·威灵汉（Daniel Willingham）所观察到的（2007），批判性思维并不是一种通常意义上的技能，那种我们可以在一个领域学习后很容易迁移到另一个领域的技能。相反，我们必须综合学习和运用科学的知识和思维、文学的文本分析、社会学的历史思维、数学的定量推理，等等。

最终，我们通过学习新内容并观察它如何应用于现实世界来培养批判性思维。我们检查自己的想法，在发现心智模式不充分或不准确时完善它们。例如，在阅读前一章时，当你读到交替练习、分散练习和基于地点的记忆，你可能已经对自己与练习相关的心智模式进行了改进。这非常好，因为能够自在地知道何时改变看法是成为专家的一个里程碑。

元认知（认知的认知）

深度学习的最后一个原则在许多方面概括了其他所有原则。在你成为一名专业的教育工作者，反思自己的教学实践时，你可能已经掌握了这个原则，那就是研究人员所说的"元认知思考"。简单地说，元认知就是对思考进行思考。它像是我们大脑中的一个声音，在我们发现学习缺口或出现错误时，它会促使我们暂停、反思和改变思路。它不断地运行着，帮助我们连接新旧知识，完善心智模式，并创造新问题来进一步指导学习。

事实证明，进行元认知思考的能力对学生来说也是至关重要的。在他们拓展和应用新知识的过程中，我们要帮助他们发展这种能力。McREL 有一项研究（Marzano，1998）奠定了《有效的课堂教学》一书的基础，以及本书中许多"课堂工具箱"的内容。该研究从 3 个关键的心理过程检验了学习策略：① 自我系统，它影响我们判断学习内容是否有价值，是否相信自己可以成功地学习；② 认知系统，它处理新知识和技能；③ 元认知系统，它跟踪检查学习与我们想要的结果之间的距离。在元分析囊括的所有研究中，元认知策略的研究有最大的效应值，尤其是帮助学生明确学习目标的元认知，还有反思用以实现目标的学习策略的元认知。

这表明，进行元认知思考是深度学习的关键。基本上，要深入学习任何东西，我们的头脑中需要有一个不断运行的声音，在我们不理解学习内容时，引导我们暂停下来去消化这个学习内容，辅助我们连接学习内容与个人经历，帮助我们总结学习并从所学内容中提炼抽象原则，以便我们应用到其他情境中。这个独白一样的内在声音帮我们连点成线，发现规律，发展心智模式，让我们受益。相反，不进行元认知思考，往往会让学习变得杂乱无章，支离破碎，毫无意义。因为点滴知识没有什么意义、关联或用处，它们容易很快从记忆中消退。

拓展与应用：课堂工具箱

既然学生已经聚焦新知、理解意义、练习反思，你也就终于准备好帮助他们参与一个具有挑战性的学习活动——将新知识与自身关联，发展和完善心智模式，批判性地思考正在学习的东西，成功拓展和应用新知识和新技能。这样做时，他们将创造更复杂、更强大的记忆存储和提取能力，使他们的学习"更有黏性"，更为牢固。此外，当你采用以下策略来帮助学生进行元认知时，学习的真正魔法就会出现——学生获得对学习的主动权，成为愈发有思想、善反思和好求知的学习者。

提供富有挑战性的学习任务

帮助学生拓展和应用学习的一个良好起点，是让他们参与一些"宜居带"内的学习任务，即一些既不太困难又不太容易，只是难易度"刚刚好"的学习任务。事实上，研究表明，当学生投入到他们认为自己可以完成但又能挑战他们的学习中时，他们会最有动力地学习。考虑到这一点，我们给出一些指导建议，帮助你为学生提供"刚刚好"挑战程度的学习任务。

让学生思考大概念。如前所述，当学生将所学内容整合成大的想法、主题和心智模式时，他们更容易记住所学内容。由于标准和课程文件常常不为学生指出这些大概念，你可能需要在学习内容中去寻找它们，然后自己（或与同事一起）提取它们。大概念通常表现为反复出现的主题（如个体自由与社会凝聚力）、概念框架或模型（如水循环）、悖论（如小国往往胜过大国）、见解和智慧（如欲望往往给我们带来不快），以及指导原则（如供给和需求驱动价格）。

为学生提供与个人相关的学习选择。研究表明，我们可以通过给予学生有意义的选择来增加他们的学习动力（Patall et al.，2008）。正如我们在自我参照效应中看到的，当学生能将所学内容与个人兴趣相匹配时，他们能对学习进行更深层次的录入和提取。不过，值得注意的是，选择不必是详尽全面的，或者完全由学生负责的（"学习任何你喜欢的话题！"）。事实上，过多的选择会削弱学生的学习动力，因为学生在选择学习内容上（或在担心他们可能会做出"错误的"选择上）花费了太多精力。有关选择对学习动机影响的大量研究指出："好东西太多，可能就不好了。"（Patall et al.，2008，第298页）通常来说，给予少数设计好的选择会更好（比如老师初选过的几个学习主题或阅读文本）。

让学生做需要一定认知精力的事。学生只学会他们思考的东西。一些任务往往会让学生把精力都花在辅助性活动上，而不在真正想让他们学会的东西上。我们可以看到很多学校的墙上装饰着学生作品，而这些作品反映出学生在剪贴、涂色或规整格式上花费了过多的时间和精力——并不是对科学、历史、文学或外语进行了深入思考。所以，当你为学生创建学习任务时，考虑一下你希望他们在做这些任务时思考些什么。你希望他们思考什么问题？你想让他们探索什么想法？你希望他们用什么方式展现自己的想法？

支持学生的独立学习。在旅程的最后阶段，你可以把学习交给学生，遵循"我做，我们做，你做"的模式，逐步释放责任。不过，当你放手时，请记得，尤其是初学者，他们通常不具备与更专业的学习者相同的技能，从而不能很好地监控和指导自己的学习。如果听之任之，他们可能会白费力气，比如当一份报告需要重大改写时，他们仅仅推敲了字句。所以当学生开始更独立的学习时，你可能需要为他们提供任务清单、范例和时间表，并计划多次查看他们做得如何。

亲身体验："一项⋯⋯的研究"

> 为学生创造具有挑战性的探究式学习任务的非常有效的方法之一是将它们定义为"一项⋯⋯的研究"（Silver et al.，2018）。这里有几个例子：
>
> **玛雅人**：一项文明如何瓦解的研究。
>
> **蚂蚁**：一项特化的研究。
>
> **《罗密欧与朱丽叶》**：一项关于掌控命运的研究。
>
> **民权运动**：一项关于勇气的研究。

支持探究式学习

任何具有挑战性的学习任务的关键都应该是一个核心——挖掘学生的好奇心、调查研究、应用新知识、分析复杂系统、挑战所学内容，或者综合所学知识为一项创造性活动。McREL 机构开展了对有效教学策略的研究，提出了一些帮助学生拓展和应用学习的策略，发表在两版《有效的课堂教学》的"生成和测试假设"类别下。尽管测试假设是科学方法的核心，但将这些策略更广泛地归类为探究式学习策略可能会更准确——也就是说，我们要求学生投入一些难以回答的问题，这些问题不可能有简单、直接的答案，而学生要去寻找一个令人信服的解答。下面我们列举这些基于研究的教学策略，它们都被证明与学生更高的学习水平相关。

解决问题。包括发现并描述阻碍人们实现生活中议定目标的限制因素，然后找到克服它们的方法。通常情况下，它始于确定一个共同目标（比如校园里有太多的垃圾），并描述造成问题的原因和解决问题的障碍（比如天气暖和时，人们喜欢在室外吃午餐；户外没有足够的垃圾桶）。接下来，学生独立或协作创建解决方案，来弄清造成问题的原因或克服解决问题的障碍（比如，我们可以开展一个反乱丢垃圾运动，或者和学校管理人员谈谈增设户外垃圾桶和回收箱），然后提出假设，判断哪些解决方案最可能有效。之后，学生在现实或模拟情境中测试解决方案（比如，我们将发起一个为期两周的"为你的学校感到骄傲"的反乱丢垃圾运动，然后数数校园里的垃圾，看看垃圾是否减少）。在收集和分析数据后，检验学生阐述的假设是否正确，以及是否需要测试另一个假设或创建一个新的解决方案（比如，校园里的垃圾变少了，但现在垃圾桶太满了，所以也许我们需要同时实施两种方案）。

实验探究。让学生对各种各样的问题进行科学思考，请他们解释并检验观察到的现象。这始于邀请学生观察各种现象并描述他们所看到的东西（例如，某些物体浮在水面上而另一些物体下沉）。接下来，（如需要的话）在老师指导下，学生根据他们观察到的现象建立具体的理论或规则（例如，轻的东西能浮起来，重的东西会沉下去；能排水的物品会漂浮）。根据他们的说明，学生提出假设，预测在新情况下可能会发生什么（例如，浮岩会下沉，因为它是岩石；浮岩会漂浮，因为它有小气孔），然后做一个实验或活动来检验假设（例如，把石头放进一个盛水的罐子里）。之后，他们解释实验结果（例如，浮岩漂浮），判断假设是否正确，或是否需要额外的实验来建立和测试一个新的假设。

系统分析。要求学生进行批判性思维练习，检验系统的各部分，以及它们如何相互作用。这一过程首先由学生解释系统的目的、系统的组成部分和每部分的功能（比如，住房市场的经济组成部分包括供应、需求和金融资本的获取）。其次，学生描述系统的各部分是如何相互作用的（比如，当需求增加时，价格就会上涨，尤其是当买家能够获得资金时）。再次，当学生了解了系统是如何运作的，他们就可以提出假设，如果改变系统的一个部分可能会如何影响其他部分（例如，更宽松的贷款政策允许更多的买家获得贷款）。最后，学生通过实验、模拟或使用历史数据来检验假设（例如，随着越来越多的购房者获得贷款，房价攀升，超出可承受范围，造成了房地产泡沫）。

调研。要求学生发现和解决存在困惑、矛盾或争议的问题。这个过程始于学生描述概念、历史事件或假设的未来场景。例如，学生可能会参与调查冰河时代巨型动物消失的原因。接下来，他们确定已知的或已达成一致的东西（例如，随着全球气温开始剧烈波动，并且有人类进入它们的栖息地，乳齿象这种巨型动物就消失了）。列出事实后，学生基于已知情况来建立假设（例如，人类过度捕杀巨型动物）。学生需要收集和分析证据，以确定假设的情境是否可信（例如，考古学家在冰河时代人类的营地中发现了乳齿象骨头）。

学生还可以在科学以外的各种学科领域进行这类探究，推测两个变量之间的关系（比如，匈奴人是否导致了罗马帝国的灭亡？罗密欧和朱丽叶的悲惨死亡是宿命还是错误的决定导致的？）。

McREL 研究所对 11 项科学研究的元分析发现（Beesley，Apthorp，2011），让学生参与此类探究式学习，不仅增强了他们对课程概念的理解（Hsu，2008；Tarhan，Acar，2007；Tarhan，Ayar-Kayali，Urek，Acar，2008），而且支持了他们将知识迁移到新情境的能力——与教师主导更多的教学活动相比（比如讲课或顺序规划好的活动），这一效应值为 0.61。基本上，当我们向学生提出开放式的问题，并给予他们回答问题的思维工具（而不是答案），我们就能帮助他们思考所学内容（常常通过说出来或写下来），这样他们就可以把学习迁移到新情况下。

让学生的思维可视化

研究表明，帮助学生调动先前学习内容的非常好的方法之一，就是鼓励他们在学习和迁移知识时，让自己的思维（对自己和对他人）可视化。这里有一些方法。

进行精细询问。在学生展示出对一个概念或想法的初步把握后，鼓励他们思考诸如"这究竟是如何运作的？""为什么会这样？""如果这不是真的会怎么样？"等问题，反思和拓展自己的思考（McDaniel，Donnelly，1996）。比如，你可以问学生，为什么交叉相乘分数行得通，释放压缩空气到底是怎么使房间降温的，或者如果汉尼拔带着他的大象和军队翻越阿尔卑斯山会怎么样？

进行自我解释。鼓励学生在学习新的程序性知识时讲解自己的思考。例如，在纠正句子的标点符号时，问学生为什么复合句需要用逗号隔开；在解决一个复杂的数学问题时，问他们为什么一个特定的计算方法是正确的（比如，在计算增加或减少百分比时，为什么原始数字是分母）；如果他们在分析一个政治广告讲述的是事实还是观点，那就请他们解释自己的推想（比如，你说"浪费性消费"这个词是一种观点，为什么？）。

提出"黄金问题"。是什么让你这么说？——格列恩·皮尔索尔（Glen Pearsall）将这个简单的问题称为"黄金问题"（2018）。它虽然简单但却强大，因为它帮助学生分享想法，并让其他学生听到自己同学的观点，这其实有助于每位学生反思和阐明自己的想法。"黄金问题"用途广泛，适用于任何科目或年级。

教授批判性思维

为学生提供拓展和应用所学知识的机会，这有助于培养他们的批判性思考能力。事实上，几项研究表明，反思和借鉴先前的学习内容可能是培养批判性思维的唯一途径。关于如何帮助学生培养批判性思维，研究得出如下两大观点。

直接教学生如何进行批判性思维。一项针对批判性思维培养方法的元分析得出结论（Bangert-Drowns，Bankert，1990）：批判性思维不是渗透发展的；仅仅让学生接触文学、科学、历史或逻辑证明，对培养他们的批判性思考能力几乎没有帮助。相反，我们必须教学生批判性地思考，并给他们练习的机会。在一项针对薄弱学校高中生的研究里（Marin，Halpern，2010），学生被分成了 3 组。第一组学生接受了明确的批判性思维教学（学习如何建立论点，识别刻板印象和僵化的思维模式，并预测决策的长期后果）。第二组学生参加一门心理学导论讲习班，课程中悄悄蕴含批判性思维的内容。对照组的学生则照旧进行他们的常规课程。3 周后，重新测试 3 组学生的批判性思考能力时，明确教学组在批判性思维方面表现出显著进步，而蕴含式教学和对照组却没有显示出进步。

在学科知识里教授批判性思维。另一项元分析指出了培养学生批判性思维的 3 个基本要素：①课堂讨论；②解决复杂问题；③教师指导（Abrami et al.，2015）。元分析中的一项研究探讨了美国高中历史课中的"历史思维"教学法，阐明了这些要素（Pellegrino，2007）。在老师指导下，学生进行独立探究，对一个历史时期及其形成提出自己的观点，并利用多种信息来源支持他们的解释。同时，课堂讨论鼓励学生理解对历史的不同观点。有了这 3 个要素——对话讨论、复杂问题和教师指导，学生们在批判性思维方面取得了显著进步（效应量为 1.13）。

亲身体验：因为……

> 帮助学生培养批判性思维的一个简单方法是由西尔弗（Silver）和同事提出的（2018）：让学生用"因为……"这个词来支撑他们的回答（比如"我知道这是正确的答案／最好的理解／最合理的解释／最有力的论点，因为……"）。这是一个简单而有力的词，是批判性思维的浓缩精华，使学生必须拓展他们对学习的思考。

通过写作锐化思维

大量研究将写作行为与深度学习联系起来。这可能是因为，把正在学习的知识写出来能促使我们整顿脑海中纷乱的想法，把它们组合连贯起来，转化成文字，放在一起呈现出叙述、论点或对世界的解释。正如作家弗兰纳里·奥康纳（Flannery O'connor）所说："我写作是因为我不知道自己在想什么，直到我读到了自己说的话。"

以下是我们从研究中了解到的，写作如何促进深度学习。一项综合了 93 项研究的元分析发现（Graham，Hebert，2010），让学生参与结构化写作对他们的阅读理解有显著影响——可能是因为这让他们的思维可视化，并让他们将新学习串联成连贯的模式。事实上，这些研究表明，请学生写一写他们正在阅读的内容，比许多其他策略（如交互式教学）对阅读理解的影响更大。这些研究还表明，写作对那些能力较差的学生有特别明显的效果，尤其当他们还得到了老师的直接指导，学会如何将自己的想法组织成连贯的写作时。

研究也证明，写作可以在各个学科上帮助学生拓展、应用和综合他们的学习。例如，在一些学校，科学老师要求学生定期写作并记笔记，他们的学生中 79% 的人能获得科学课的良好等第。而在几乎没有写作或记笔记的科学课堂上，只有 25% 的学生能达到良好等第（Schmoker，2011）。

虽然到目前为止，只有少数研究检验了批判性思维和写作之间的联系（例如 Quitadamo，Kurtz，2007），有一个小规模但深入的研究提供了一些证据。它表明正确设计的写作作业，能帮助批判性思维的培养（Langer，Applebee，1987）。研究人员观察 6 名经过了"讲解自己的思考"培训的学生，在用 3 种不同方法阅读社会科学文章时，他们分别在想什么。这 3 种方法是：做阅读笔记、回答学习问题、写分析性文章。研究者发现，回答学习问题时，学生进行了碎片化、低水平的认知和记忆。记笔记时，学生能更加连贯地学习，但他们仍然无法将学习内容与更大的想法和主题联系起来。只有在写文章时，学生进行了更复杂和具有批判性的思考、综合、假设和自我评估。

最后，值得注意的是，一项关于写作对学生成绩影响的元分析指出（Bangert-Drowns，Hurley，Wilkinson，2004），写作作业不一定要耗费大量时间才能有效——它们只需能让学生通过文字将思维可视化就行了。以下是一些有效的写作练习，可以帮助不同年龄段学生在各个学科领域拓展和应用他们的学习。

总结叙述。总结叙述是一种直截了当的写作任务——"学生从想象出来的个人视角复述一个事件或过程"（Urquhart，Frazee，2011，第 57 页）。比如，学生可以从汉尼拔的视角叙述汉尼拔进军罗马的故事。这样的作业对学生很有吸引力，并且能帮助他们理解所阅读的内容。

论文写作。较长的文章（比如五段式作文）有助于学生整理和整合他们的思考。当然，论文作业需要有一个成功标准，需要挑战学生深入思考他们的学习，而不是照搬已有的事实和想法。论文作业可以请学生解释为什么一个特定的历史事件会发生，一个过程是怎么样进行的，或者如果出现某种情形会怎么样（例如"如果哥伦布是在巴西而不是加勒比海登陆会怎么样？"）。

两种对立观点的议论文。学生们确定一个有争议的话题（例如，攻击性武器应该被禁止吗），然后研究并写出两篇文章——每个观点各写一篇。这两篇文章的评价标准相同，因此它们要求学生对一个话题进行深入思考，包括思考不同于自己的观点。

在表现性评价中巩固学习

我们都知道一句老话"量什么，得什么"（what we measure is what we get）。然而，现有的评价往往只测量低水平的陈述性知识（如认知和回忆）或一段段的程序性知识（如解决特定类型的数学或科学问题）。如果我们希望学生能更深刻、更有意义地拓展和应用学习，那么我们需要用更有效的方式来评价他们的学习，引导他们展示融合陈述性和程序性知识以解决复杂问题的能力，对学习运用高层次的思维。

思考一下考驾照的过程，通常它包含3个重要部分：一次传统的选择题考试以检测基本知识，一段学习和练习开车的经历，以及一次实操路考。当一位准备学车的人知道选择题考试将要来临时，他会深入阅读驾驶员手册，记忆有关停车距离、交通标志的信息，以及其他道路规则。然而，这样纸上谈兵的学习并不能帮助这些渴望开车的人安全上路行驶。我们要确保他们能在家长或驾校师傅警觉的目光中上路练习，将驾驶的基础知识拓展和应用到实际的驾驶中。时间、练习和许多形成性反馈帮助学车人逐渐精通驾驶，让他们为最终的表现性评价做好了准备：在路考中向考官展现他们可以将（陈述性）知识和（程序性）技能应用到安全驾驶车辆上。

表现性评价在课堂里也是这样的，学生通过创造产品、演讲或演示（"表现"）来展示他们可以有效拓展及应用自己的知识与技能（Pecheone, Kahl, 2014）。表现性评价要求学生拓展学习内容，将其与之前的学习联系起来，创造性和批判性地思考，然后将它们应用到现实情境中。研究表明，表现性评价可以更好地测量学生的知识和技能，更不用说提高他们的参与度和学习动力，增加教师的认同与合作，提高教学质量（Darling-Hammond, Wood, 2008）。表现性评价还有助于培养批判性思维（Faxon-Mills, Hamilton, Rudnick, Stecher, 2013）。

那么表现性评价在课堂上具体是怎样的呢？其实，它和本书描述的六阶段学习模式颇为相似。表现性评价包括以下7个步骤。

第一步：识别成功所需的陈述性和程序性知识，鼓励学生投入具有挑战性的学习目标。

第二步：给予学生多个机会聚焦、理解、练习和研究他们的知识。

第三步：通过提取练习（如不打分的小测验）、简短的写作作业和课堂讨论来定期检查学生对知识的理解。

第四步：在单元结束时，让学生参与具有挑战性的、基于项目的学习任务，以拓展和应用所学知识。

第五步：为所有学生提供一个独立的学习活动，让他们通过该活动展示自己对新学习的掌握程度。

第六步：为所有学生提供评价标准，以便他们自我评估并相应地改进他们的评价作业。

第七步：为所有学生提供总结性评估（如分数和反馈），并且在理想情况下，提供根据反馈修改评价作业的机会。

下面是一个更详细的课堂案例。若能良好进行，表现性评价不仅支持更深入的学习，而且促进学生的参与度和学习动力。

亲身体验：嵌入学习过程的表现性评价

这里举一个简单的例子，如何将表现性评价嵌入学习过程。一份完整的教案应包括课程标准、成功标准、评分标准和学生作业样本。

热传递

活动一：学生以个人或小组为单位研究热传递的方法。他们讨论已学的关于传导、对流和辐射的内容（学生引导学习）。

活动二：教师通过不评分的测验、访谈或课堂讨论检查学生对热传递方法的理解（形成性评价的数据收集、反馈和调整）。

活动三：学生以小组为单位设计并进行实验，以确定两种面料中哪一种能更好地抵御冬天的寒冷。所需材料包括不同尺寸的（带盖）锡制咖啡罐、两种不同的织物（例如塑料和羊毛）、紧固件、温度计（热探针）、计时器和热源（演示性活动）。

活动四：学生独立撰写一份正式的实验报告（总结性评价作品；教师评分）。

活动五：教师通过提问，引导全班讨论热传递方法在实验设计和实施中起了什么作用（形成性评价的反思和强化）。

活动六：学生独立研究一个家庭供暖系统是如何工作的，并撰写一篇论文，描述家庭供暖系统及其涉及的不同热传递方法（总结性评价作品；教师评分）。

大概念：帮助学生建立更丰富的心智模式

说到底，为学生提供拓展和应用所学知识的机会可以帮助他们发展深度学习的核心：心智模式。正如我们已经看到的，心智模式也是批判性思维——另一个重要认知过程的核心。就像经典的"先有鸡还是先有蛋"问题，心智模式和批判性思维似乎密不可分。我们需要心智模式来进行批判性思考，批判性思维也有助于我们进一步塑造和完善思维模式。

简单来说，要批判性地思考，我们首先需要一些内容来思考。让我们先花点时间来消除一个有关教育的说法：在今天的信息时代，学生没有必要学习事实，因为他们可以简单地上互联网搜索它们。相反，我们应该专注于培养学生的批判性思考能力。这个说法有它的核心论点，但它终究经不起推敲。

认知科学告诉我们，在现实中，批判性思考者倾向于以心智模式的形式积累和巩固大量知识。当他们遇到新信息和解决新问题时，他们不断完善和修正心智模式。这就把我们带到了另一个应摒弃的相关说法：当学生被迫去解决复杂挑战时，他们才学得最好，因为他们必须自己"发现"应对挑战的解决方案。然而，研究再次表明这并不完全正确。

澳大利亚研究人员约翰·斯维勒（John Sweller）对复杂挑战是否促进深度学习进行了一系列研究（1988）。他得出了一个重要结论，这个结论也是对教育者的一个告诫——仅仅用复杂的问题来挑战学生，并不能很有效地帮助他们培养解决问题的能力；事实上，这可能会适得其反。

这是为什么？因为新手缺乏对问题进行分类和想出解决方法的心智模式。因此，如果我们只是把他们丢入复杂挑战中而不给予帮助，他们很可能会花费大量的心智带宽（斯维勒称之为"认知负荷"），在寻找解决方案和实际尝试解决问题之间来回切换。因此，即使最终（辛苦地）找到一个正确答案，他们也不会发展任何可供未来使用的心智模式。正如斯维勒所说，寻找正解的过程和理解如何找到正解的过程（心智模式），是"两个基本上不相关甚至不相容的过程"（第283页）。

换句话说，学生应该在开始具有挑战性的学习任务前，先发展一些基本的心智模式，然后在解决挑战性任务的过程中完善它，而非从零开始。例如，有一项系统分析任务，要求学生思考在美国独立战争前，如果美国殖民地的经济、社会或政治状况发生变化，那么冲突的结果可能会发生怎样的改变。参与这项活动，学生需要具备许多心智模式，包括跨大西洋贸易模式、政府的哲学、宗教信仰和各种殖民团体的动机等。如果我们在没有帮助学生发展好这些心智模式的情况下，直接让他们投入这个思考练习中，我们只会制造他们的挫败感和不牢固的学习。这可能就解释了为什么"发现式学习"的结果总是喜忧参半。一项整合了各项试验结果的研究发现（Kirschner et al，2006），"少教不教"的结果大多数都很糟糕，尤其对那些能力较差的学生——他们受益于"更强有力的"或有更多教师指导的教学，比如老师告诉他们解决一道代数题的步骤，或给他们提供一个解决问题的模式。

值得重申的是，尽管发展心智模式和批判性思维是一个复杂的过程，但它并不是只有天才或能力强的学生才能做到。所有的学生，甚至是年幼的孩子，都有自己的心智模式。降雨的原因、叙事的结构、利用数轴的计数——这些基本概念都是心智模式的形式。随着时间的推移，我们帮助学生积累、巩固和完善更多的心智模式，他们则建立起专业知识和技能的基石，发现每个人都能成为某个领域的"专家"，潜能不断显现。

第八章
展望

至此我们讲述了一个完整的学习模式。请注意它不是一个一成不变的步骤，而是一张学习蓝图和一个跳板，帮助教育者发展专业知识和心智模式。

利用元认知构建专业知识

正如上一章所指出，拥有完善的心智模式往往是区分专家和新手的关键。当你把本书内容融入自己的实践中，我们希望你会觉得自己越来越像一位国际象棋大师，能够快速判断盘面，找出规律，策略性地思考下一步。也许最重要的是，在课堂上应用这种模式将帮助你对自己的实践进行"元认知"——不仅思考你在做什么，而且考虑它如何影响学生的学习，以及你为什么要这样做。如此，你将逐渐掌握专家的本领，能将陈述性知识（心智模式）与程序性知识（熟练地执行流程或步骤）联系起来。

让我们用一个经验丰富的四分卫和一个橄榄球新手来打个比方。当老将接近得分线时，他发现了对方防守的移动。根据对防守战术的了解（陈述性知识），他立即明白了这是防守队员在计划突袭得分线。他迅速地在脑海中想出其他的跑动方案（程序性知识），然后喊口令通知队友临时改变战术：快速传球给边线，避开冲过来的防守队员。相反，新手四分卫虽然能观察到同样的场上情况，但他可能缺乏理解该情况的陈述性知识或调整战术的程序性知识。所以他在边线按照原战术行动，结果防守队员冲过来，让他丢掉了这一球。

可以说，一间教室里的活动内容和一场橄榄球赛一样多。因此，新手教师通常会做一些类似于新手四分卫的事。他们制订的方案（教学计划）往往只关注老师要做什么，而较少关注学生要做什么，以及学生在上课时脑海中会发生什么。

在课堂上应用本书所述的学习模式，第一步是思考你希望在学生学习的每一步中看到什么，而不是简单地遵循你的教学计划。这样做你才能更好地判断课堂上什么进展顺利，什么不顺利，并做出实时调整，时不时地喊一些改变战术的口令，让学习回到正轨。撇开体育的比喻不谈，教室里发生的事情可比橄榄球赛重要得多。所以，教师要努力培养教学技能，因为学生对我们抱有期待。

用学习模式来反思教学

如前所述，专家和新手、专业和工作的区别在于专家和职业人士能够使用深层知识（以心智模式的形式呈现）来诊断和解决问题。当你将学习模式的每个元素融入课堂，你就可以注意到它们给学生带来的变化。

例如，当你逐渐熟悉并有意为学生建立"产生兴趣"的阶段时，你就会看到学生们变得更加投入。同样地，当你告诉学生学习这样东西对他们有什么好处，帮助他们建立并内化成功标准，从而"投入学习"时，你就会看到他们更好地集中和维持在学习上，尤其当你经常提醒他们成功的标准时。当你做了上述这些事，停下来问问自己是否观察到了学生有没有不同，这可以帮助你进一步完善你的教学实践和心智模式。

用学习模式来诊断学生学习

使用学习模式来指导设计和呈现学习体验还有一个关键的好处：当你注意到学生挣扎于理解概念或发展技能时，你可以更好地诊断哪一个学习环节出了问题。你可以问自己以下这些问题。

　　◇学生们是不是没有投入学习？若是如此，你可以重新审视自己做了什么（以及哪里可以做得更好）来帮助他们产生兴趣、投入学习。

　　◇学生是否在某些方面理解得很好，而在另一些方面差强人意？若是如此，你可以思考自己做了什么（以及哪里可以做得不一样）来帮助他们聚焦新知、理解意义。例如，你可以更视觉化地呈现学习内容，或者给学生更多的时间来消化学习，连接新旧知识，聚合成更大的概念。

◇学生是否难以应用新技能？若是如此，你可以考虑他们需要怎样不同的实践机会，或收到怎样不同的反馈来完善技能。

◇学生的知识是否还停留在表层？换句话说，学生是否看似理解了新学习内容，然而难以将其迁移到新情况中？他们是否挣扎于应用批判性思维能力（如分析、评估、综合、创造）？若是如此，你可以考虑如何帮助他们更好地拓展和应用学习内容。

用学习模式来支持专业水平和协同合作

最后一个在课堂上应用学习模式并思考学习科学的好处是，它可以帮助你与同事进行专业对话、合作和同伴互导。事实上，在任何行业里，没有一个专业人士是与世隔绝、独自工作的。相反，他们进行密集学习，发展共享词汇，理解专业领域，从而可以一起工作。比如，急诊室里的医生不会说："把那个尖尖的可以切开心脏的东西递给我。"相反，医学专业人士用准确的医疗器械和人体结构术语来沟通，用共有的心智模式（比如关于人体循环系统的知识）一起解决复杂问题。

这里有一些学习模式，可以支持你的学校或学校系统内的专业水平和协同合作。

参与专业对话。也许使用相同学习模式的最大好处是，它使你能够与同事进行专业对话。就像医生使用相同的医学词汇和药物知识来评估患者的症状，一个通用的学习模式可以让教师互相咨询，共同理解学生的学习如何遇到了困难。

分享和共同开发学习单元与课程。同样重要的是，一个通用的学习模式，能使共同开发和分享学习单元与课程计划更容易、更高效。就像安卓和苹果的操作系统为软件开发者提供了一个通用平台，来创建和分享数以百万计的智能手机应用程序一样，使用一个通用的单元与课程模式也是一种微小的标准化——即使这样小的标准化也可以帮助你和同事分享教学计划。当你的学校或地区里的每位老师都使用相同的模式，并共同理解课程应该如何为学生提供更大的学习机会（拓展和应用）时，分享课程就更容易了。

虽然通用的学习模式程序化了一些教与学的方法，但它并不会削弱教师的创造力或专业能力。而且事实上远非如此。如果非要有什么的话，一种共享的学习模式，尤其是建立在学习科学和学生好奇心基础上的学习模式，可以作为创造力和独创性的跳板，让教师创作出让学生参与深度学习的单元和课程，突破课堂、学校和学校系统的局限。

对重要内容进行同伴互导。研究表明，要想让老师们表现出专业的教学实践，不是通过吓唬或监视他们的一举一动，而是让他们进行同伴间的相互指导。事实上，在引入新理论、更好的教学模式和实践机会时，只有同伴互导才能帮助老师们将这些新内容成功迁移到各自的课堂中（Joyce，Showers，2002）。

然而，为了确保同伴互导是有效的，不会变成模糊、空洞的对话，参与者需要对什么是好的教学有一个共同理解。这就是为什么有一个通用的学习模式很有帮助——它为你和同事提供了一个相同的话语系统和心智模式，来为学生设计和提供有效的学习体验，并且，它促使你们从相同的起点开始，不断拓展和完善教学策略与方法。

常见问题

在你和同事们一起将这些知识内化到自己的心智模式和专业实践的过程中，你可能会产生一些问题。我们预测了一些教师在应用本书所述的六阶段学习模式时可能会有的问题，并给予相应的回答。

我真的需要让学生对每一节课都产生兴趣吗？

只有当你想让他们对每一节课都产生兴趣，这个问题本身其实已经给出了回答。在实践中，你可能会发现你需要给学生不同的吸引点，从而让他们对整个大单元感兴趣，而不仅仅是单独的一节课。当你给学生一个令人信服的理由，让他对学习单元产生兴趣（比如一个带有神秘性的问题：疆域遍布世界的罗马帝国是怎么可能陷入衰败和毁灭的），那你就能在每一节课上带领学生回顾这个单元的大问题（比如一些历史学家认为是匈奴王阿提拉导致了罗马帝国的灭亡。今天，我们将探讨支持和反对这一观点的不同论点。这样你们就可以对在罗马帝国毁灭前去世的阿提拉是否导致了帝国的崩溃问题得出自己的结论）。

学生应该有学习目的或目标吗？

是的！学生应该两者兼有。更大、更长期的学习目的往往和单元主题相关（如"我想知道罗马帝国衰败的原因，这样我就能看看同样的事情是否会发生在西方世界”）。短期的学习目标和成功标准通常和每一节课相关（如"阿提拉导致罗马帝国灭亡——我将讨论支持和反对该观点的论点"）。

每一节课都需要一个"拓展与应用"环节吗？

不一定。你不需要帮助学生在每一节课都拓展和应用所学知识，你只需要在单元教学的过程中为他们的拓展和应用创造机会。你可以这样想：每一节课提供了基础知识和技能，让学生在单元学习结束时（或期间）拓展和应用它们，以解决具有挑战性的学习任务。例如，学生可能会学习罗马帝国灭亡的几个不同理论，然后整合这些知识，在探究中建立并为自己认为的导致罗马帝国衰败的原因进行辩护。

学习模式是否符合单元问题？

当然。事实上，为学生提供或帮助他们建立单元学习的指导性问题能有力地激发他们的好奇心（例如"我想知道为什么罗马帝国会灭亡，以及导致帝国灭亡的原因是否在今天的西方世界存在"）。然后，每一节课也可能有一个较小的指导性问题（例如"历史学家支持或反对匈奴王阿提拉是罗马帝国陷落的罪魁祸首，我们将学习他们的不同论点，以便我们决定是否将其纳入自己的观点中"）。

这个学习模式似乎有先后顺序，但学习是否真的如此线性刻板？

不，学习不是线性的。相比肤浅地解读本书所述的学习模式（比如第三阶段总是在第二阶段之后），学习是一个更加复杂的迭代过程。例如，我们周而复始地聚焦新知并理解意义——我们学习新内容，理解它，然后再在我们刚学到的内容上添加新的知识。通过练习和反思，我们认识到自己的理解或技能中的缺陷，从而引发新内容的学习。随着新见解的获得，我们可能会对学习兴趣愈浓，投入愈多。

有意地打乱学习模式的顺序也是可以的。例如，你可以先做实验来向学生展示科学概念（聚焦新知），然后问他们刚才发生了什么，让他们产生兴趣、投入学习。尽管学习的各个阶段不一定总是按照本书所述顺序出现，但是所有 6 个阶段仍必不可少。事实上，如果有任何一个阶段被忽略或省略，我很难想象深度学习还能发生。

举个例子。在写这段文字前，我在澳大利亚悉尼的海德公园散步，看到一群年轻人正在练习花式滑板。虽然我不知道他们学习的确切顺序，但我可以推测他们进行了所有 6 个阶段的学习。我看到他们坚持不懈地练习相差甚远的技巧（抱歉了，小伙子们），说明他们显然对这份学习有兴趣且非常投入。另外，在某一时刻，他们明显也曾聚焦新知，可能是通过观看其他滑板选手在半空中翻转滑板后落到上面。我还听到他们彼此谈论如何努力练出一个技巧动作，这好像是在以一种合作学习的形式来理解意义。他们目前的学习阶段是练习和反思，也同时在拓展和应用先前滑板知识，比如通过小跳跃来完成更难的动作。这种学习多半不是以线性方式展开，而是一个更复杂的迭代过程。

我应该把这个学习模式教给学生吗？

当然！有些老师会展示六阶段的图标，并为学生指出他们正在参与的阶段，比如在学生设立学习目标时指向"投入学习"的图标。向学生展示大脑的工作原理，可以帮助他们进行更多的元认知，反思自己的学习，在意识到不合理情况时及时修正。此外，当你和学生分享了学习模式，你也可以请他们对你的教学活动给予反馈。例如，你可以问问他们："我们今天的合作学习活动是否能帮助你理解意义？""我们拓展与应用的最终项目有没有帮助你展开新思考？"

将好奇与愉悦带入教与学

在宇宙的所有奇迹中，最令人惊奇的可能就是你头盖骨里 1.36 千克的灰质块：人类的大脑。大脑可以每时每刻过滤、处理和吸收大量数据，将其转化为学习——这通常是在没有刻意教育的情况下。我是在观察悉尼公园里的滑板少年时想到这些的。他们孜孜不倦地学习新滑板技巧完全是自我驱动，至少我没有看到任何老师给他们布置作业，或告诉他们下周一要对他们的技巧动作进行评分。在没有测试的情况下，这些年轻人自发地放弃了周五晚上的休闲时光，愉快地在公园里进行着滑板学习（没错，正是学习）。

大脑的自然状态：求知若渴

这正是人类大脑的美妙之处：它是一台不可思议的学习机器，尤其是当我们下定决心去学习的时候。事实上，这就是本书的意义所在。本书所述的学习模式试图展现自然状态下的学习——它发生在自我驱动的探究里。我们迷失在学海中，忘记了时间，追求着好奇的内容，学习着我们认为有意义的技能。

然而，很多时候，课堂让学生接触的却是一些完全不同的东西：坐在教室里上课，这些课要么让他们的大脑感到乏味，只做些枯燥无趣的工作，要么让大脑不堪重负，向他们轰炸很多不关联的信息，却给予很少时间来处理信息，又让学生大量练习，致使他们快速忘记新知，无法巩固任何知识并把它们转化成长时记忆。

简而言之，典型的课堂常常为学习创造着不自然的条件，这些条件与我们对学习的了解背道而驰。正如认知科学家约翰·梅迪纳（John Medina）所说："如果你想要创造一个与大脑擅长做的事情直接相反的教育环境，你可能会设计一个类似于教室的东西。"（2008，第5页）

在教学中保留好奇心

本书旨在提供一种学习模式，以帮助挖掘学生的禀赋及其对学习的自然渴望，包括科学已经证明的最强大的学习驱动力——好奇心。如前所述，好奇心让大脑为学习做好准备，好奇心触及我们生命的核心。作为人类，我们天生好奇，求知若渴。

请思考一下：在孩子们进入学校教育或任何形式的课堂之前，他们已经学习了成百上千的词语，还有走路、跑步和攀爬等动作技能。他们是怎么做到的？因为他们有好奇心，想要学习新事物，并从中获得乐趣。科学研究表明，每当我们解决了一个知识缺陷，或者说，满足了一份好奇心，大脑就会产生很多多巴胺。这种"奖励分子"和我们在获奖、吃甜食或初吻时产生的感觉是一样的。所以，当学习不受约束而受到好奇心驱使时，它就是有益的、有趣的，并且令人上瘾的。

你肯定见过小孩子对自己好奇的东西如此着迷，以致他们完全无视了周遭环境。比如，一个小孩发现从纸巾盒里抽走一张纸，下一张纸巾就会出来。于是他无视站在门口的你，把所有的纸都抽了出来。你应该也见过小孩子不停地问一个又一个问题，试图理解他们遇到的世界。这就是好奇心的乐趣。

你也见过他们在没有任何提示的情况下，一遍又一遍地练习。他们站起来，走几步，摔倒了，然后重复这个过程，锻炼肌肉记忆。很快，他们就开始在全新的情境中拓展和应用刚学会的走路技能，爬楼梯、上下跳跃、单脚跳跃、奔跑、追逐宠物，还有跳下人行道。在这过程中，他们的大脑在奖励每一份学习，在他们达到目标、解决知识缺陷、满足好奇心时，释放像多巴胺这样的化学物质。

让你课堂和职业里的学习更容易更愉悦

总之，本书的学习模式意在帮助我们创设符合自然学习方式的学习机会。作为教师，我们的目标是通过引入崭新的、有趣的、重要的想法和概念，来保持学生的好奇心，加速学习过程——这个过程对 18 岁和 18 个月大的孩子来说，都应该是自然和无缝的。当我们设计出反映学生自然学习倾向的学习机会时，整个学习过程就会变得更容易、更愉悦。

希望这本书同样对你的职业有所帮助，让你对学习是一个怎样的过程产生兴趣，对应用这些理论倍感鼓舞。你可能已经注意到了，本书的每一章都意在帮助你投入并理解新学习，将新思想与你先前的学习和课堂经验联系起来。只有当你在课堂上实践和反思这些概念和策略时，真正的学习才会发生，所以我们也为你提供了课堂教学的工具和案例。最重要的是，我们希望你能将这本书作为跳板，深入挖掘并询问自己关于学习的问题：在你的特定情况下，面对你的学生们，学习会怎样发生？我们希望你在职业发展中不断探究，保持好奇心，拓展和应用本书的学习模式，塑造它、雕刻它，让它适用于你自己的教学实践。

建立你自己的学习模式

最后，虽然本书的学习模式植根于研究和学习科学，但它只是一个模式。它只试图讲述学习这一极其复杂的过程，并非描绘一幅每个人在每种情况下如何学习的精准图画。

毕竟模式，甚至是复杂的科学模式，也只是我们在完全理解某件事物之前用来解释它的一个故事。随着时间的推移，当你在自己的课堂中应用和反思这个模式时，你可能会改善它，再把它改写到自己的学习模式中。正应如此——这就是专家们所做的事，发展和完善心智模式。

一般情况下，你将看到这本书不是提供唯一的学习模式，也不是成为一名好老师的最重要标准。这本书是你职业生涯中的一位伙伴，帮助你解决疑惑，也提出更多问题。希望这本书点燃了你的好奇心，激发了你对专业探究的热情。愿你激情饱满地继续你的专业旅程，每天不断探索和学习你所选择和追求的出色职业，成为学生生活的改变者。

参考文献[*]

Aben, B., Stapert, S., & Blokland, A. (2012). About the distinction between working memory and short-term memory. *Frontiers in Psychology, 3*, 301.

Abrami, P. C., Bernard, R. M., Borokhovski, E., Waddington, D. I., Wade, C. A., & Persson, T.(2015). Strategies for teaching students to think critically: A meta-analysis. *Review of Educational Research, 85*(2), 275–314.

Akin, O. (1980). *Models of architectural knowledge*. London: Pion.

Anderson, J. R.(1995). *Learning and memory: An integrated approach*. New York: Wiley.

Assor, A., Kaplan, H., & Roth, G. (2002). Choice is good but relevance is excellent: Autonomy affecting teacher behaviors that predicts student engagement in learning. *British Journal of Educational Psychology, 72*, 261–278.

Baddeley, A. D., & Hitch, G. (1974). Working memory. In G. H. Bower (Ed.), *The psychology of learning and motivation: Advances in research and theory* (Vol. 8, pp.47–89). New York: Academic Press.

Baddeley, A. D., & Logie, R. H. (1999). Working memory: The multiple-component model. In A. Miyake & P. Shah (Eds.), *Models of working memory: Mechanisms of active maintenance and executive control* (pp.28–61). New York: Cambridge University Press.

Bailey, F., & Pransky, K. (2014). *Memory at work in the classroom: Strategies to help underachieving students*. Alexandria, VA: ASCD.

Bandura, A., & Schunk, D. H. (1981).Cultivating competence, self-efficacy, and intrinsic interest through proximal self-motivation.*Journal of Personality and Social Psychology*, *41*(3), 586.

Bangert-Drowns, R. L., & Bankert, E.(1990, April). *Meta-analysis of effects of explicit instruction for critical thinking*. Paper presented at the annual meeting of the American Educational Research Association, Boston.

Bangert-Drowns, R., Hurley, M., & Wilkinson, B. (2004, Spring). The effects of school-based writing to learn interventions on academic achievement: A meta-analysis. *Review of Educational Research, 74*(1), 29–58.

Barden, L. (2017). Grandmaster plays 48 games at once, blindfolded while riding exercise bike. *The Guardian*. Retrieved from www.theguardian.com/sport/ 2017/feb/10/timor-gareyev-48-chess-games-blindfolded-riding-exercise-bike-leonard-barden.

Baser, M. (2006). Fostering conceptual change by cognitive conflict based instruction on students'understanding of heat and temperature concepts. *Eurasia Journal of Mathematics, Science*

---

[*] 为方便读者学习，特保留原书的参考文献。——出版者注。

and Technology Education, 2(2), 96–114.

Baser, M., & Geban, O. (2007). Effectiveness of conceptual change instruction on understanding of heat and temperature concepts. *Research in Science & Technology Education, 25*(1), 115–133.

Beesley, A. D., & Apthorp, H. S.(2010).*Classroom instruction that works: Research report* (2nd ed.).Denver, CO: Mid-continent Research for Education and Learning.

Beeson, S. A. (1996, September). The effect of writing after reading on college nursing students' factual knowledge and synthesis of knowledge. *Journal of Nursing Education, 35*(6), 258–263.

Berry, D. C. (1983). Metacognitive experience and transfer of logical reasoning. *Quarterly Journal of Experimental Psychology Section A, 35*(1), 39–49.

Bethell, C., Newacheck, P., Hawes, E., & Halfon, N.(2014). Adverse childhood experiences: Assessing the impact on health and school engagement and the mitigating role of resilience. *Health Affairs, 33*(12), 2106–2115.

Bjork, R. A., & Bjork, E. L.(1992). A new theory of disuse and an old theory of stimulus fluctuation. In A. F. Healy, S. M. Kosslyn, & R. M. Shiffrin (Eds.), *From learning processes to cognitive processes: Essays in honor of William K. Estes* (Vol.2., pp.35–67). Hillsdale, NJ: Erlbaum.

Bjork, E. L., & Bjork, R. A. (2011). Making things hard on yourself, but in a good way: Creating desirable difficulties to enhance learning. *Psychology and the Real World: Essays Illustrating Fundamental Contributions to Society, 2*, 59–68.

Bloom, B. S.(1956). *Taxonomy of educational objectives. Vol. 1: Cognitive domain*. New York: McKay.

Bloom, K. C., & Shuell, T. J. (1981). Effects of massed and distributed practice on the learning and retention of second-language vocabulary. *Journal of Educational Research*, 74(4), 245–248.

Boch, F., & Piolat, A. (2005). Note taking and learning: A summary of research. *The WAC Journal, 16*, 101–113.

Boring, E. G. (1957). *A history of experimental psychology* (2nd ed.). Englewood Cliffs, NJ: Prentice Hall.

BouJaoude, S., & Tamin,R.(1998, April 19–22). *Analogies, summaries, and question answering in middle school life science: Effect on achievement and perceptions of instructional value.* Paper presented at the annual meeting of the National Association for Research in Science Teaching, San Diego, CA (ERIC Document ED 420 503).

Brand-Gruwel, S., Wopereis, I.,& Vermetten, Y.(2005).Information problem solving by experts and novices: Analysis of a complex cognitive skill. *Computers in Human Behavior, 21,* 487–508.

Bransford, J., Brown, A., & Cocking, R. (2000). *How people learn: Brain, mind, experience, and school* (Expanded ed.). Washington, DC: National Academy Press.

Bransford,J.D.,& Johnson, M. K.(1972).Contextual prerequisites for understanding: Some investigations of comprehension and recall. *Journal of Verbal Learning and Verbal Behavior, 11*(6), 717–726.

Bremner, J. D. (2006). Traumatic stress: Effects on the brain. *Dialogues in Clinical Neuroscience, 8*(4), 445–461.

Bridgeland, J. M., DiIulio, J., & Morison, K. B. (2006). *The silent epidemic: Perspectives of high school dropouts*. Washington, DC: Civic Enterprises.

Broer, N., Aarnoutse, C., Kieviet, F., & van Leeuwe, J.(2002). The effects of instructing the structural aspects of text. *Educational Studies, 28*(3), 213–238.

Bronson, P., & Merryman, A.(2010, July 10). The creativity crisis. *Newsweek*. Retrieved from www. newsweek.com/2010/07/10/the-creativity-crisis.html.

Brophy, J. (2004). *Motivating students to learn* (2nd ed.). Mahwah, NJ: Erlbaum.

Brown, P. C., Roediger, H. L., McDaniel, M. A. (2014). *Make it stick: The science of successful learning*. Cambridge, MA: Harvard University Press.

Busteed, B. (2013, January 7). The school cliff: Student engagement drops with each school year [blog post]. *Gallup Organization.* Retrieved from https://news.gallup.com/opinion/gallup/170525/school-cliff-student-engage ment-drops-school-year.aspx.

Calderon, V. J. (2017, June 8). How to keep kids excited about school [blog post]. *Gallup Organization.* Retrieved from https://news.gallup.com/opinion/ gallup/211886/keep-kids-excited-school.aspx.

Cerasoli, C. P., Nicklin, J. M., & Ford, M. T. (2014). Intrinsic motivation and extrinsic incentives jointly predict performance: A 40-year meta-analysis. *Psychological Bulletin, 140*, 980–1008.

Chase, W. G., & Simon, H. A. (1973). Perception in chess. *Cognitive Psychology, 4*, 55–81.

Chen, O., Castro-Alonso, J. C., Paas, F., & Sweller, J.(2018). Undesirable difficulty effects in the learning of high-element interactivity materials. *Frontiers in Psychology, 9*(1483), 1–7.

Chen, Z.(1999). Schema induction in children's analogical problem solving. *Journal of Educational Psychology, 91*(4), 703–715.

Chi, M. T. H., de Leeuw, N., Chiu, M.H., & LaVancher, C.(1994). Eliciting self-explanations improves understanding. *Cognitive Science, 18*, 439–477.

Cialdini, R. B. (2005). What's the secret device for engaging student interest? Hint: The answer is in the title. *Journal of Social and Clinical Psychology, 24*(1), 22–29.

Cirelli, C., & Tononi, G. (2017, May). The sleeping brain. *Cerebrum.* Retrieved from www.ncbi.nlm.nih.gov/pmc/articles/PMC5501041.

Coleman, J. S. (1966). *Equality of educational opportunity study.* Washington, DC: U.S. Department of Health, Education, and Welfare.

Cornelius-White, J. (2007). Learner-centered teacher-student relationships are effective: A meta-analysis. *Review of Educational Research, 77*(1), 113–143.

Cotton, K. (1998). *Classroom questioning.* Portland, OR: Education Northwest. Retrieved from https://educationnorthwest.org/sites/default/files/Classroom Questioning.pdf.

Csikszentmihalyi, M., Rathunde, K. R., & Whalen, S. (1993). *Talented teenagers: A longitudinal study of their development.* New York: Cambridge University Press.

Curwin, R., Mendler, A., & Mendler, B. (2018). *Discipline with dignity: How to build responsibility, relationships, and respect in your classroom* (4th ed.). Alexandria, VA: ASCD.

Darling-Hammond, L., & Wood, G. (2008). *Assessment for the 21st century: Using performance assessments to measure student learning more effectively.* Washington, DC: Forum for Education and Democracy.

Davis, A. P. (2015, August 20). I survived my terrifying hour in a sensory-deprivation tank. *New York.* Retrieved from www.thecut.com/2015/08/i-survived-my-terrifying-hour-in-a-float-spa.html.

Deakin, J. M., & Cobley, S. (2003). An examination of the practice environments in figure skating and volleyball: A search for deliberate practice. In J. Starkes & K. A. Ericsson (Eds.), *Expert performance in sports: Advances in research on sport expertise* (pp. 90–113). Champaign, IL: Human Kinetics.

Dean, C. B., Hubbell, E. R., Pitler, H., & Stone, B.(2012). *Classroom instruction that works* (2nd ed.). Alexandra, VA: ASCD.

Deci, E.L.,Ryan, R.M.,& Koestner, R.(1999).A meta-analytic review of experiments examining the effects of extrinsic rewards on intrinsic motivation. *Psychological Bulletin, 125*(6), 627–668.

Dunlosky, J., Rawson, K. A., Marsh, E. J., Nathan, M. J., & Willingham, D. T. (2013). Improving students'learning with effective learning techniques: Promising directions from cognitive and educational psychology. *Psychological Science in the Public Interest, 14*(1), 4–58.

Dweck, C. S.(2000).*Self theories: Their role in motivation, personality, and development.* New York: Taylor & Francis.

Ebbinghaus, H. (1964). *Memory: A contribution to experimental psychology.* New York: Dover.(Original work published 1885.)

Ekstrom, R. B., Goertz, M. E., Pollack, J. M., & Rock, D. A. (1986). Who drops out of high school and why? Findings of a national study. *Teachers College Record, 87*(3), 356–371.

Engel, S.(2011). Children's need to know: Curiosity in schools. *Harvard Educational Review, 81*(4), 625–645.

Engel, S. (2015). *The hungry mind.* Cambridge, MA: Harvard University Press.

Ericsson, K. A., Prietula, M. J., & Cokely, E. T.(2007). The making of an expert. *Harvard Business Review, 85*(7/8), 114–121.

Ericsson, K. A, Roring, R. W., & Nandagopal, K. (2007). Giftedness and evidence for reproducibly superior performance: An account based on the expert performance framework. *High Ability Studies, 18*(1), 3–56.

Faxon-Mills, S., Hamilton, L. S., Rudnick, M., & Stecher, B. M.(2013). *New assessments, better instruction? Designing assessment systems to promote instructional improvement.* Santa Monica, CA: RAND.

Finn, J. D., & Rock, D. A. (1997). Academic success among students at risk for school failure. *Journal of Applied Psychology, 82*(2), 221–234.

Fisher, D., & Frey, N. (2011). Checking for understanding. *Principal Leadership, 12*(1), 60–62.

Fredrickson, B. L., & Branigan, C. (2005). Positive emotions broaden the scope of attention and thought-action repertoires. *Cognition & Emotion, 19*(3), 313–332.

Frerejean, J., Brand-Gruwel, S., & Kirschner, P. A. (2013). *Fostering information problem-solving skills: Effects of worked examples and learner support.* Retrieved from http://dspace.ou.nl/bitstream/1820/5196/1/Summary-EARLI2013_Jimmy Frerejean.pdf.

Fuchs, L. S., Fuchs, D., Finelli, R., Courey, S. J., Hamlett, C. L., Sones, E. M., & Hope, S. (2006). Teaching 3rd graders about real-life mathematical problem solving: A randomized controlled study. *Elementary School Journal, 106*, 293–312.

Fritz, C. O., Morris, P. E., Nolan, D., & Singleton, J. (2007). Expanding retrieval practice: An effective aid to preschool children's learning. *Quarterly Journal of Experimental Psychology, 60*(7), 991–1004.

Fryer, R. G. (2013). Teacher incentives and student achievement: Evidence from New York City public schools. *Journal of Labor Economics, 31*(2), 373–407.

Fyfe, E. R., McNeil, N. M., Son, J. Y., & Goldstone, R. L. (2014). Concreteness fading in mathematics and science instruction: A systematic review. *Educational Psychology Review, 26*(1), 9–25.

Gates, A. I. (1917). Recitation as a factor in memorizing. *Archives of Psychology, 6* (40) 1–104.

Gentner, D., Loewenstein, J., & Thompson, L.(2003). Learning and transfer: A general role for analogical encoding. *Journal of Educational Psychology, 95*, 393–408.

Gentry, J. W., Burns, A. C., Dickinson, J. R., Putrevu, S., Chu, S., Hongyan, Y., et al. (2002). Managing the curiosity gap does matter: What do we need to do about it? *Developments in Business Simulation and Experiential Learning, 29*(1), 67–73.

Gilovich, T., Vallone, R., & Tversky, A. (1985). The hot hand in basketball: On the misperception of random sequences. *Cognitive Psychology, 17*(3), 295e PsycGingerich, K. J., Bugg, J. M., Doe, S. R., Rowland, C. A., Richards, T. L., Tompkins, S. A., & McDaniel, M. A.(2014). Active processing via write-to-learn assignments: Learning and retention benefits in introductory psychology. *Teaching of Psychology, 41*(4), 303–308.

Godden, D. R., & Baddeley, A. D. (1975). Context-dependent memory in two natural environments: On land and underwater. *British Journal of Psychology, 66*, 325–331. Goleman, D.(2013). *Focus: The hidden driver of excellence*. New York: Harper.

Goodwin, B., & Hubbell, E. R. (2013). *The 12 touchstones of good teaching: A checklist for staying focused every day*. Alexandria, VA: ASCD.

Gorman, A. M. (1961). Recognition memory for nouns as a function of abstractness and frequency. *Journal of Experimental Psychology*, *61*, 23–29.

Graham, S., & Hebert, M. A. (2010). *Writing to read: Evidence for how writing can improve reading*. A Carnegie Corporation Time to Act Report. Washington, DC: Alliance for Excellent Education.

Greenberg, J., Pomerance, L., & Walsh, K.(2016). *Learning about learning: What every new teacher needs to know*. Washington, DC: National Council on Teacher Quality.

Haidt, J. (2006).*The happiness hypothesis: Finding modern truth in ancient wisdom*. New York: Basic Books.

Hamre, B. K., & Pianta, R. C. (2001). Early teacher–child relationships and the trajectory of children's school outcomes through eighth grade. *Child Development, 72*(2), 625–638.

Hamre, B. K., & Pianta, R. C.(2005). Can instructional and emotional support in the first-grade classroom make a difference for children at risk of school failure? *Child Development*, *76*(5), 949–967.

Hartlep K. L., & Forsyth G. A. (2000). The effect of self-reference on learning and retention. *Teaching of Psychology, 27*, 269–271.

Harvard University Department of Psychology.(n.d.). George Miller. Retrieved from https: //psychology. fas.harvard.edu/people/george-miller

Hattie,J.(2009).*Visible learning: A synthesis of over 800 meta-analyses relating to achievement*. New York: Routledge.

Hattie, J. (2012). *Visible learning for teachers: Maximizing impact on learning*. New York: Routledge.

Heller, N. (2017, August 9). Getting tanked: One writer's 60 minutes in sensory deprivation. *Vogue*. Retrieved from www.vogue.com/article/sensory-deprivation-tanks-float-spa.

Hilbert, M., & Lopez, P. (2011). The world's technological capacity to store, communicate, and compute information. *Science, 332*(6025), 60–65.

Holyoak, K. J. (2005). Analogy. In K. J. Holyoak & R. G. Morrison (Eds.), *The Cambridge handbook of thinking and reasoning* (pp.117–142). New York: Cambridge University Press.

Horne, B. (2019, January 2). Live blog of the fourth and final test between Australia v India. *The Daily Telegraph*. Retrieved from www.heraldsun.com.au/ sport/cricket/live-blog-of-the-fourth-and-final-test-between-australia-v-india/live-coverage/a340ab75e5889b55db17f1f6e444304a.

Hsu,Y.-S.(2008).Learning about seasons in a technologically enhanced environment: The impact of teacher-guided and student-centered instructional approaches on the process of students'conceptual change. *Science Education, 92*(2), 320–344.

Hyde, T. S., & Jenkins, J. J. (1969). Differential effects of incidental tasks on the organization of recall of a list of highly associated words. *Journal of Experimental Psychology, 82*, 472–481.

Isen, A. M., Daubman, K. A., & Nowicki, G. P. (1987). Positive affect facilitates creative problem solving. *Journal of Personality and Social Psychology, 52*, 1122–1131.

Isen, A. M., Shalker, T. E., Clark, M., & Karp, L. (1978). Affect, accessibility of material in memory, and behavior: A cognitive loop? *Journal of Personality and Social Psychology*, *36*(1), 1.

James, K. H., & Engelhardt, L. (2012). The effects of handwriting experience on functional brain development in pre-literate children.*Trends in Neuroscience and Education, 1*(1), 32–42.

Jason, Z. (2017, Winter). Bored out of their minds. *Harvard Ed.,156*, 18–22, 24–26.

Johnson, D. W., Maruyama, G., Johnson, R.,Nelson, D., & Skon, L.(1981). Effects of cooperative, competitive, and individualistic goal structures on achievement: A meta-analysis. *Psychological*

Bulletin, 89(1), 47.

Jones, M. G. (1990). Action zone theory, target students and science classroom interactions. *Journal of Research in Science Teaching, 27*(8), 651–660.

Joyce, B., & Showers, B. (2002). *Student achievement through staff development* (3rd ed.). Alexandria,VA: ASCD.

Kahneman, D. (2011). *Thinking fast and slow*. New York: Farrar, Straus & Giroux.

Karpicke, J. D. (2012). Retrieval-based learning: Active retrieval promotes meaningful learning. *Current Directions in Psychological Science, 21*, 157–163.

Karpicke, J. D., Blunt, J. R., & Smith, M. A. (2016). Retrieval-based learning: positive effects of retrieval practice in elementary school children. *Frontiers in Psychology, 7*, 350.

Karpicke, J. D., Butler, A. C., & Roediger, H. L.(2009). Metacognitive strategies in student learning:Do students practice retrieval when they study on their own? *Memory, 17*(4), 471–479.

Kelly, S., & Turner, J. (2009). Rethinking the effects of classroom activity structure on the engagement of low-achieving students. *Teachers College Record, 111*(7), 1665–1692.

Kerr, R., & Booth, B. (1978). Specific and varied practice of a motor skill. *Perceptual and Motor Skills, 46*(2), 395–401.

King, A. (1991). Improving lecture comprehension: Effects of a meta-cognitive strategy. *Applied Cognitive Psychology, 5*(4), 331–346.

Kirschner, P. A., Sweller, J., & Clark, R. E. (2006). Why minimal guidance during instruction does not work: An analysis of the failure of constructivist, discovery,problem-based, experiential,and inquiry-based teaching. *Educational Psychologist, 41*(2), 75–86.

Klein, G. (1998). *Sources of power: How people make decisions*. Cambridge, MA: MIT Press.

Kleinfeld, J. (1972). *Instructional style and the intellectual performance of Indian and Eskimo students*. Washington, DC:U.S.Department of Health, Education, and Welfare, Office of Education, National Center for Educational Research and Development.

Klem, A. M., & Connell, J. P.(2004).Relationships matter: Linking teacher support to student engagement and achievement. *Journal of School Health, 74*(7), 262–273.

Kobayashi, K. (2006). Combined effects of note-taking/reviewing on learning and the enhancement through interventions: A meta-analytic review. *Educational Psychology, 26*(3), 459–477.

Kohn, A. (1999). *Punished by rewards: The trouble with gold stars, incentive plans, A's, praise, and other bribes*. Boston: Houghton Miffl in Harcourt.

Kounin, J. S. (1970). *Discipline and group management in classrooms*. New York: Holt, Rinehart & Winston.

Kruger, J., & Dunning, D. (1999). Unskilled and unaware of it: How difficulties in recognizing one'sown incompetence lead to inflated self-assessments. *Journal of Personality and Social Psychology, 77*(6), 1121–1134.

Kulik, J. A., & Kulik, C. (1998). Timing of feedback and verbal learning. *Review of Educational Research, 58*(1), 79–97.

Langer, J. A., & Applebee, A. N. (1987). *How writing shapes thinking: A study of teaching and learning*. NCTE research report no.22. Washington, DC: National Institute of Education.

Larwin, K. H., Dawson, D., Erickson, M., & Larwin, D. A. (2012). Impact of guided notes on achievement in K–12 and special education students. *International Journal of Special Education, 27*(3), 108–119.

Lemov, D. (2010). *Teach like a champion: 49 techniques that put students on the path to college*. San Francisco: Jossey-Bass.

Lesgold, A., Rubinson, J., Feltovich, P., et al. (1988). Expertise in a complex skill: Diagnosing X-ray pictures. In M. T. H. Chi, R. Glaser, & M. J. Farr (Eds.), *The nature of expertise* (pp.311–342). Hillsdale, NJ: Erlbaum.

Leven, T., & Long, R. (1981). *Effective instruction.* Alexandria, VA: ASCD.

Levitin, D. J. (2015, September 23). Why it's so hard to pay attention, explained by science. *Fast Company.* Retrieved from www.fastcompany.com/3051417/why-its-so-hard-to-pay-attention-explained-by-science.

Ling, L. M., Chik, P., & Pang, M. F. (2006). Patterns of variation in teaching the colour of light to Primary 3 students. *Instructional Science: An International Journal of Learning and Cognition, 34*(1), 1–19.

Locke, E. A., & Latham, G. P. (2006). New directions in goal-setting theory. *Current Directions in Psychological Science, 15*(5), 265–268.

Loewenstein, G.(1994).The psychology of curiosity: A review and reinterpretation. *Psychology Bulletin, 116*(1), 75–98.

Lowry, N., & Johnson, D. W.(1981). Effects of controversy on epistemic curiosity, achievement, and attitudes. *Journal of Social Psychology, 115*, 31–43.

Lubin, G. (2017, August 6). Blindfold chess king reveals his memory tricks. *Inverse.* Retrieved from www.inverse.com/article/29863-timur-gareyev-blindfold-chess-memory.

Lyons, L. (2004, June 8). Most teens associate school with boredom, fatigue [blog post]. *Gallup Organization.* Retrieved from https://news.gallup.com/poll/ 11893/most-teens-associate-school-boredom-fatigue.aspx.

Maheady, L., Mallette, B., Harper, G. F., & Sacca, K.(1991). Heads-together: A peer-mediated option for improving the academic achievement of heterogeneous learning groups. *Remedial and Special Education, 12*(2), 25–33.

Marin, L. M., & Halpern, D. F. (2011). Pedagogy for developing critical thinking in adolescents: Explicit instruction produces greatest gains. *Thinking Skills and Creativity, 6*(2011), 1–13.

Marx, R. W., Blumenfeld, P. C., Krajcik, J. S., Fishman, B., Soloway, E., Geier, R., et al. (2004). Inquiry-based science in the middle grades: Assessment of learning in urban systemic reform. *Journal of Research in Science Teaching, 41*(10), 1063–1080.

Marzano, R. J. (1998). *A theory-based meta-analysis of research on instruction.* Aurora, CO: Midcontinent Research for Education and Learning.

Marzano, R. J., Pickering, D. J., & Pollock, J. E. (2001). *Classroom instruction that works: Researchbased strategies for increasing student achievement.* Alexandria, VA: ASCD.

Maslow, A. (1954). *Motivation and personality.* New York: Harper.

Mason, L. H., Snyder, K. H., Sukhram, D. P., & Kedem, Y. (2006). TWA + PLANS strategies for expository reading and writing: Effects for nine 4th-grade students. *Exceptional Children, 73*(1), 69–89.

Mastin,L.(n.d.).Memory encoding.Retrieved from www.human-memory.net/ processes_ encoding.html.

Mayer, R. E. (2011). *Applying the science of learning.* Boston: Pearson/Allyn & Bacon.

Mbajiorgu, N. M., Ezechi, N. G., & Idoko, E. C.(2007). Addressing nonscientific presuppositions in genetics using a conceptual change strategy. *Science Education, 91*(3), 419–438.

McDaniel, M. A., Agarwal, P. K., Huelser, B. J., McDermott, K. B., & Roediger, H. L. (2011). Testenhanced learning in a middle school science classroom: The effects of quiz frequency and placement. *Journal of Educational Psychology, 103,* 399–414.

McDaniel, M. A., & Donnelly, C. M. (1996). Learning with analogy and elaborative interrogation. *Journal of Educational Psychology, 88*, 508–519.

McDerm ott, K. B., Agarwal, P. K., D'Antonio, L., Roediger, H. L., & McDaniel, M. A. (2014). Both multiple-choice and short-answer quizzes enhance later exam performance in middle and high school classes. *Journal of Experimental Psychology: Applied, 20*(1), 3.

McGill, R. M. (2011). Pose, pause, pounce, bounce! [blog post]. *@TeacherToolkit.* Retrieved from www.teachertoolkit.co.uk/2011/11/04/pose-pause-bounce-pounce.

McKee,R.(1997).*Story: Substance, structure, style and the principles of screenwriting.* New York: Harper Collins.

McRobbie, L. R. (2017, February 8). Total recall: The people who never forget. *The Guardian.* Retrieved from www.theguardian.com/science/2017/feb/08/total-recall-the-people-who-never-forget.

McTighe, J., & Wiggins, G. (2013). *Essential questions: Opening doors to student understanding.* Alexandria, VA: ASCD.

Medina, J. (2008). *Brain rules: 12 principles for surviving and thriving at work, home, and school.* Seattle, WA: Pear Press.

Meyer, B. J. F., Middlemiss, W., Theodorou, E., Brezinski, K. L., McDougall, J., & Bartlett, B. J. (2002). Effects of structure strategy instruction delivered to 5th-grade children using the internet with and without the aid of older adult tutors. *Journal of Educational Psychology, 94*(3), 486–519.

Meyer, B. J. F., & Poon, L. W. (2001). Effects of structure strategy training and signaling on recall of text. *Journal of Educational Psychology, 93*, 141–159.

Miller, G. A. (1956). The magical number seven, plus or minus two: Some limits on our capacity for processing information. *Psychological Review, 63*(2), 81.

Miller, T. M., & Geraci, L.(2011,January 24). Unskilled but aware: Reinterpreting overconfidence in low-performing students. *Journal of Experimental Psychology: Learning, Memory, and Cognition, 37*(2), 502–506.

Miranda, A., Villaescusa, M., & Vidal-Abarca, E.(1997).Is attribution retraining necessary? Use of self-regulation procedures for enhancing the reading comprehension strategies of children with learning disabilities. *Journal of Learning Disabilities, 30*(5), 503–512.

Moreno, R., & Mayer, R. E. (2000). A coherence effect in multimedia learning: The case for minimizing irrelevant sounds in the design of multimedia instructional messages. *Journal of EducationalPsychology, 92*(1), 117.

Mueller, P. A., & Oppenheimer, D. M. (2014, May 22). The pen is mightier than the keyboard: Advantages of longhand over laptop note taking. *Psychological Science.*

National Institute of Child Health and Human Development. (2000). *Report of the National Reading Panel: Teaching children to read: An evidence-based assessment of the scientifi c research literature on reading and its implications for reading instruction.* Washington, DC: Author. Retrieved from www.nichd.nih.gov/publications/nrp/smallbook.htm.

Nelson, T. O., & Leonesio, R. J. (1988). Allocation of self-paced study time and the"labor-in-vain effect."*Journal of Experimental Psychology, 14*(4), 676–686.

Newell, A., & Simon, H. A. (1972). *Human problem solving.* Englewood Cliff s, NJ: Prentice Hall.

Nokes, T. J., Schunn, C. D., & Chi, M. T. (2010). Problem solving and human expertise. *International Encyclopedia of Education* (Vol. 5, pp.265–272). New York: Elsevier Science.

Paivio, A.(1971).*Imagery and verbal processes.* New York: Holt, Rinehart & Winston.

Parker, E. S.,Cahill,L.,&McGaugh, J. L.(2006).A case of unusual autobiographical remembering. *Neurocase, 12*(1), 35–49.

Pashler, H., Rohrer, D., Cepeda, N. J., & Carpenter, S. K.(2007). Enhancing learning and retarding forgetting: Choices and consequences. *Psychonomic Bulletin and Review, 14,* 187–193.

Patall, E., Cooper, H., & Robinson, J. C.(2008). The effects of choice on intrinsic motivation and related outcomes: A meta-analysis of research findings. *Psychological Bulletin, 134*(2), 270–300.

Pate, M. L., & Miller, G. (2011). Effects of regulatory self-questioning on secondary-level students'problem-solving performance. *Journal of Agricultural Education, 52*(1), 72–84.

Pearsall, G. (2018). *Fast and effective assessment.* Alexandria, VA: ASCD.

Pecheone, R., & Kahl, S. (2014). Where are we now: Lessons learned and emerging directions. In L. Darling-Hammond & F. Adamson (Eds.), *Beyond the bubble test: How performance assessments support 21st century learning* (pp.53–91). San Francisco: Jossey-Bass.

Pellegrino, A. M.(2007).*The manifestation of critical thinking and metacognition in secondary American history students through the implementation of lesson plans and activities consistent with historical thinking skills.* Unpublished doctoral dissertation, Florida State University.

Piaget, J.(1972). Intellectual evolution from adolescence to adulthood. *Human Development, 15*(1), 1–12.

Pine, J. (2015, November 16–29). My mistake. *Nursery World,* 21–24.

Pink, D. H. (2011). *Drive: The surprising truth about what motivates us.* New York: Riverhead Books.

Pressley, M., McDaniel, M. A., Turnure, J. E., Wood, E., & Ahmad, M. (1987). Generation and precision of elaboration: Effects on intentional and incidental learning. *Journal of Experimental Psychology: Learning, Memory, and Cognition, 13,* 291–300.

Queensland Brain Institute. (n.d.). How are memories formed? Retrieved from https://qbi.uq.edu.au/brain-basics/memory/how-are-memories-formed.

Quitadamo, I. J., & Kurtz, M. J. (2007). Learning to improve: Using writing to increase critical thinking performance in general education biology.*CBE—Life Sciences Education, 6*(2), 140–154.

Reber, P. (2010, May 1). What is the memory capacity of the human brain? *Scientific American.* Retrieved from www.scientifi camerican.com/article/what-is-the-memory-capacity.

Renkl, A. (2005). The worked-out examples principle in multimedia learning. In R. E. Mayer (Ed.), *The Cambridge handbook of multimedia learning.* Cambridge: Cambridge University Press.

Renkl, A., Atkinson, R. K., & Grose, C. S.(2004). How fading worked solution steps works: A cognitive load perspective. *Instructional Science, 32*(1–2), 59–82.

Richards, B. A., & Frankland, P. W.(2017).The persistence and transience of memory. *Neuron, 94*(6),1071–1084.

Richardson, M., Abraham, C., & Bond, R.(2012).Psychological correlates of university students' academic performance: A systematic review and meta-analysis. *Psychological Bulletin, 138*(2), 353–387.

Rivet, A. E., & Krajcik, J. S.(2004). Achieving standards in urban systemic reform: An example of a 6th grade project-based science curriculum. *Journal of Research in Science Teaching, 41*(7), 669–692.

Roediger, H. L., & Pyc, M. A. (2012). Inexpensive techniques to improve education: Applying cognitive psychology to enhance educational practice. *Journal of Applied Research in Memory and Cognition, 1*(4), 242–248.

Rogers, T. B., Kuiper, N. A., & Kirker, W. S.(1977). Self-reference and the encoding of personal information. *Journal of Personality and Social Psychology, 35,* 677–688.

Rohrer, D., & Pashler, H. (2010). Recent research on human learning challenges conventional instructional strategies. *Educational Researcher, 39*(5), 406–412.

Rosenshine, B., Meister, C., & Chapman, S. (1996). Teaching students to generate questions: A review of the intervention studies. *Review of Educational Research, 66,* 181–221.

Rowe, M. B. (1986). Wait time: slowing down may be a way of speeding up! *Journal of Teacher Education, 37*(1), 43–50.

Rule, A. C., & Furletti, C. (2004). Using form and function analogy object boxes to teach human body systems. *School Science and Mathematics, 104*(4), 155–169.

Sample, I. (2016, November 16). Inside the brain of the man who would be "Blindfold King" of chess. *The Guardian*. Retrieved from www.theguardian.com/science/2016/nov/03/inside-the-brain-of-the-man-who-would-be-blindfold-king-of-chess-timur-gareyev.

Schmoker, M. (2011). *Focus: Elevating the essentials to radically improve student learning*. Alexandria, VA: ASCD.

Schroeder, C. M., Scott, T. P., Tolson, H., Huang, T.-Y., & Lee, Y.-H. (2007). A meta-analysis of national research: Effects of teaching strategies on student achievement in science in the United States. *Journal of Research in Science Teaching, 44*(10), 1436–1460.

Schwartz, N., Stroud, M., Hong, N., Lee, T., Scott, B., & McGee, S. (2006). Summoning prior knowledge: The influence of metaphorical priming on learning in a hypermedia environment. *Journal of Educational Computing Research, 35*(1), 1–30.

Schworm, S., & Renkl, A. (2006). Computer-supported example-based learning: When instructional explanations reduce self-explanations. *Computers & Education, 46*(4), 426–445.

Scruggs, T. E., Mastropieri, M. A., & Sullivan, G. S. (1994). Promoting relational thinking: Elaborative interrogation for students with mild disabilities. *Exceptional Children, 60*, 450–457.

Seligman, M. E. (1990). *Learned optimism: The skills to conquer life's obstacles, large and small*. New York: Random House.

Sencibaugh, J. M. (2007). Meta-analysis of reading comprehension for students with learning disabilities: Strategies and implications. *Reading Improvement, 44*(1), 6–22.

Shute, V. J. (2008). Focus on formative feedback. *Review of Educational Research, 78*(1), 153–189.

Silver, E. A. (1979). Student perceptions of relatedness among verbal problems. *Journal of Research in Mathematics Education, 10*, 195–210.

Silver, H. F., Abla, C., Boutz, A. L., & Perini, M. J. (2018). *Tools for classroom instruction that works*. Franklin Lakes, NJ: Thoughtful Education Press.

Smith, L. K. C., & Fowler, S. A. (1984). Positive peer pressure: The effects of peer monitoring on children's disruptive behavior. *Journal of Applied Behavior Analysis, 17*(2), 213–227.

Smith, B. L., Holliday, W. G., & Austin, H. W. (2010). Students'comprehension of science textbooks using a question-based reading strategy.*Journal of Research in Science Teaching, 47*, 363–379.

Smith, S. M. (1982). Enhancement of recall using multiple environmental contexts during learning. *Memory & Cognition, 10*, 405–412.

Sousa, D. A. (2011). *How the brain learns* (4th ed.). Thousand Oaks, CA: Corwin.

Stevens, R. J., Slavin, R. E., & Farnish, A. M.(1991). The effects of cooperative learning and direct instruction in reading comprehension strategies on main idea identification. *Journal of Educational Psychology, 83*(1), 8.

Streeck-Fischer, A., & van der Kolk, B. A. (2000). Down will come baby, cradle and all: Diagnostic and therapeutic implications of chronic trauma on child development. *Australian and New Zealand Journal of Psychiatry, 34*(6), 903–918.

Suchan, B. (2018, November 15). Why don't we forget how to ride a bike? *Scientific American*. Retrieved from www.scientifi camerican.com/article/why-dont-we-forget-how-to-ride-a-bike.

Sweller, J. (1988). Cognitive load during problem solving: Effects on learning. *Cognitive Science, 12*, 257–285.

Sweller, J., & Cooper, G. A. (1985). The use of worked examples as a substitute for problem solving in learning algebra. *Cognition and Instruction, 2*, 59-89.

Symons, C. S., & Johnson, B. T. (1997). The self-reference effect in memory: A meta-analysis. *Psychological Bulletin, 121*(3), 371–394.

Tarhan, L., & Acar, B. (2007). Problem-based learning in an 11th grade chemistry class: "Factors affecting cell potential." *Research in Science and Technology Education, 25*(3), 351–369.

Tarhan, L., Ayar-Kayali, H., Urek, R. O., & Acar, B.(2008). Problem-based learning in a 9th grade chemistry class: "Intermolecular forces." *Research in Science Education, 38*(3), 285–300.

Taylor, K., & Rohrer, D. (2010). The effects of interleaved practice. *Applied Cognitive Psychology, 24*, 837–848.

Twenge, J. M., Zhang, L., & Im, C. (2004). It's beyond my control: A cross-temporal meta-analysis of increasing externality in locus of control, 1960–2002. *Personality and Social Psychology Review, 8*(3) 308–319.

Um, E. R., Plass, J. L., Hayward, E. O., & Homer, B. D. (2012). Emotional design in multimedia learning. *Journal of Educational Psychology, 104*(2), 485–498.

University of New South Wales. (2012, November 28). Four is the "magic" number. *Science Daily.* Retrieved June 20, 2019, from www.sciencedaily.com/releases/ 2012/11/121128093930.htm.

Urquhart, V., & Frazee, D. (2012). *Teaching reading in the content areas: If not me, then who?* (3rd ed.). Alexandria, VA: ASCD.

van Merrienboer, J. J. G., & Sweller, J. (2005). Cognitive load theory and complex learning: Recent developments and future directions. *Educational Psychology Review, 17*(2), 147–177.

Walsh, J. A., & Sattes, B. D. (2005). *Quality questioning: Research-based practices to engage every learner.* Thousand Oaks, CA: Corwin.

Wammes, J. D., Meade, M. E., & Fernandes, M. A. (2016). The drawing effect: Evidence for reliable and robust memory benefits in free recall. *Quarterly Journal of Experimental Psychology*, *69*(9), 1752.

Wanzek, J., Wexler, J., Vaughn, S., & Ciullo, S. (2010). Reading interventions for struggling readers in the upper elementary grades: A synthesis of 20 years of research. *Reading and Writing, 23*(8), 889–812.

Ward, J. D., & Lee, C. L.(2004). Teaching strategies for FCS: Student achievement in problem-based learning versus lecture-based instruction. *Journal of Family and Consumer Sciences, 96*(1),73–76.

Weinstein, Y., Gilmore, A. W., Szpunar, K. K., & McDermott, K. B. (2014). The role of test expectancy in the build-up of proactive interference in long-term memory. *Journal of Experimental Psychology: Learning, Memory, and Cognition, 40*(4), 1039–1048.

Weinstein, Y., Madan, C. R., & Sumeracki, M. A. (2018). Teaching the science of learning. *Cognitive Research: Principles and Implications*, *3*(2), 1–17.

Wiliam, D. (2007). Content then process: Teacher learning communities in the service of formative assessment. In D. B. Reeves (Ed.), *Ahead of the curve: The power of assessment to transform teaching and learning*(pp.183–204). Bloomington, IN: Solution Tree.

Willingham, D. (2003). Students remember what they think about. *American Educator, 27*(2), 37–41.

Willingham, D. (2007). Critical thinking: Why is it so hard to teach? *American Educator*, 109(4), 8–19.

Woloshyn, V., Paivio, A., & Pressley, M. (1994). Use of elaborative interrogation to help students acquire information consistent with prior knowledge and information inconsistent with prior knowledge. *Journal of Educational Psychology*, *86*(1), 79–89.

Woloshyn, V. E., Pressley, M., & Schneider, W. (1992). Elaborative-interrogation and priorknowledge effects on learning of facts. *Journal of Educational Psychology,84*(1), 115–124.

Wong, R. M. F., Lawson, M. J., & Keeves, J.(2002). The effects of self-explanation training on students'problem solving in high-school mathematics. *Learning and Instruction, 12*, 233–262.

Wood, E., & Hewitt, K. L. (1993). Assessing the impact of elabor ative strategy relative to spontaneous strategy use in high achievers. instruction *Exceptionality, 4*, 65–79.

Young, C. (2015, December 1). Don't forget, the science of memory is key to helping students learn.*The Guardian*. Retrieved from www.theguardian.com/teacher-network/2015/dec/01/dont -forget-science-memory-key-students-learn.

Zhu, X., & Simon, H. A. (1987). Learning mathematics from examples and by doing. *Cognition and Instruction, 4*, 137–166.

Zimmer, C. (2017, February 2). The purpose of sleep? To forget, scientists say. *New York Times*, p.D5. Retrieved from www.nytimes.com/2017/02/02/science/sleep-memory-brain-forgetting.html.

译后记

当前，学习科学已成为教育领域的关注焦点。但许多老师仍对学习科学的内在原理及其应用知之甚少，导致他们常常带着一个"不完整的工具箱"走进教室面对学生。如此，既不利于教师的专业成长，也不利于学生的素养发展。在这样的背景下，美国中州国际教育研究院（McREL International）总裁兼首席执行官布莱恩·古德温（Bryan Goodwin）及其同事托妮亚·吉布森（Tonia Gibson）、克里斯汀·鲁洛（Kristin Rouleau）将脑科学与学教方式深度结合，合著了本书《惟学无际：基于脑科学构建学习模式和设计教学方案》。

本书旨在通过提供基于学习科学研究的教学策略及相关的课堂工具箱，来促进教师对学习科学的深度理解及有效应用，即教师不仅要明白如何做，还要知道在什么时候做，以及为什么要这么做，从而实现教师更好地教，学生更好地学。同时，当课堂教学过程中出现任何问题时，教师能够及时、科学、有效地应对。

作为一本将学教方式与脑科学相联结的书，书中内容符合我国教育教学改革的趋向，配套可操作、可借鉴意义强的课堂工具箱，兼具理论性与实践性，反映前瞻性、变革性与学科交叉性。本书向教育工作者构建了一个六阶段学习模式：产生兴趣→投入学习→聚焦新知→理解意义→练习与反思→拓展与应用。作者在每一阶段都深入浅出地为我们展现了来自脑科学的发现、对课堂教学的启示，以及帮助教师在课堂中有效应用的配套工具箱。需要特别指出的是，该模式的各个阶段所针对的并非教师的具体教学行为，而是当学生进行深度学习时，其大脑中所发生的事情。这一重要的视角转变，能够更进一步地帮助教师在教学的同时深入思考学生的学情，并探索作为教师有哪些做法可以促进学生的深度学习。

本书稿翻译的分工为：第一章至第五章主要由徐玲玲完成，第六章至第八章主要由茅心怡完成，最后由徐玲玲完成统稿工作。衷心地感谢盛群力教授策划引进本书的版权并将其充分信任地交予我们，盛老师不仅做了大量的组织、策划和联络工作，而且对本译著做了极其专业、细致的审订工作；也真诚地感谢中国科学技术出版社负责本书乃至本译丛老师们的辛勤付出与细致编校。本书在翻译中可能存在着一些错误和不足，请专家和各位读者予以指正！

徐玲玲　茅心怡
2022 年盛夏